PRÁTICA DE

ESPIRITUALIDADE E SAÚDE CENTRADA NO SENTIDO DA VIDA

Thiago Antonio Avellar de Aquino
&
Karen Guedes Oliveira

PRÁTICA DE
ESPIRITUALIDADE E SAÚDE CENTRADA NO SENTIDO DA VIDA

Artesã

Prática de espiritualidade e saúde centrada no sentido da vida

DIRETOR
Alcebino Santana

DIREÇÃO DE ARTE
Tiago Rabello

REVISÃO
Alixandra Guedes Rodrigues de Medeiros e Oliveira

CAPA
Artesã Editora

PROJETO GRÁFICO E DIAGRAMAÇÃO
Conrado Esteves

Catalogação na publicação
Elaborada por Bibliotecária Janaina Ramos – CRB-8/9166

A138d

Aquino, Thiago Antônio Avellar de

Prática de espiritualidade e saúde centrada no sentido da vida / Thiago Antônio Avellar de Aquino, Karen Guedes Oliveira. – Belo Horizonte: Artesã, 2025.

144 p.; 16 X 23 cm

ISBN 978-85-7074-148-6

1. Espiritualidade. 2. Medicina alternativa. 3. Saúde. I. Aquino, Thiago Antônio Avellar de. II. Oliveira, Karen Guedes. III. Título.

CDD 204

Índice para catálogo sistemático
I. Espiritualidade

IMPRESSO NO BRASIL
Printed in Brazil

(31) 2511-2040 (31) 99403-2227
www.artesaeditora.com.br
Rua Rio Pomba 455, Carlos Prates - Cep: 30720-290 | Belo Horizonte - MG
/artesaeditora

Uma última observação referindo-se, não ao homem que sofre, mas ao próximo que sofre, ao homem que sente condolências: se o sofrimento tem significado, o mesmo acontece com a partilha do sofrimento e da compaixão - e tal como o sofrimento, a compaixão é muda: a linguagem tem limites.

Onde as palavras dizem tão pouco, cada palavra é desnecessária.

(Viktor Frankl)

Dedicamos este livro aos pacientes que tanto nos ensinaram.

Dedicatória

Dedicamos este livro aos pacientes que tanto nos ensinaram.

SUMÁRIO

Prefácio

ENTRE, ABAIXO E ACIMA DAS PALAVRAS... O SILÊNCIO

Ainda que empregando palavras – seja em texto ou nuvens – e desde a sua epígrafe, a obra "Prática de espiritualidade e saúde centrada no sentido da vida", organizada por Thiago Aquino e Karen Oliveira, não vem apenas nos dizer alguma coisa sobre a prática profissional nos contextos de saúde. Para além do dizer, para além do falar, para além do escrever sobre o assunto, ou querer nos ensinar alguma coisa do ponto de vista técnico, esta obra vem nos mostrar, em suas linhas e entrelinhas, sobre quando o silêncio trans-borda...

Sim, a obra é movimento trans. E até seu próprio título pode soar como transgressão a certos parâmetros hegemônicos mormente impostos aos contextos de saúde em nome de um discurso cientificista, mas impermeável ao sentido que as coisas físicas – dentre elas a funcionalidade ou disfuncionalidade do corpo biológico, material – tomam no mundo da vida das pessoas. E ao longo dos seus sete capítulos ou subitens, em vez de se restringir ao mero movimento transgressor, ela avança em ondas de imanência e transcendência. Sem negar o valor da linguagem científica no contexto da saúde, as pesquisas, práticas extensionistas e posturas relatadas ao longo da obra a qualifica. Mas a qualifica no âmbito de suas próprias fronteiras, mostrando sua borda, seu alcance e seu limite... E nesse movimento de amostração, é que se borda para além dela, com agulha afiada e linhas coloridas, costurando seu sentido, teleologicamente... Assim, o leitor tem, em suas mãos, uma obra que é movimento de pintar e bordar para além da borda do discurso técnico. E então o silêncio avança para além das entrelinhas e bordas da linguagem, escrita ou falada.

O background epistemológico dessa costura trans-bordadeira e sua aplicação ao contexto hospitalar fica bem caracterizado e ilustrado já no segundo subitem da obra. E ali não apenas se lê, mas sobretudo se vivencia, conjuntamente, a partir dos exemplos elencados, os três princípios básicos depreendidos das obras de Viktor Frankl – a liberdade da vontade, a vontade de sentido e o sentido da vida – guiando a busca de resposta ao sofrimento somático e existencial. E esse movimento de busca de respostas se evidencia de modo não restrito ao modelo causal, ou multicausal, antecedente-consequente... Afinal, para além do modelo retroativo ou funcional, vê-se como a impulsão à busca de resposta se lança não apenas do presente ao passado, mas sobretudo do presente ao futuro, avançando da pergunta "por que?" a uma outra de cunho mais proativo e propulsora de sentido: "para que". Assim, a bússola do inevitável, quando aplicada ao sofrimento, haverá de apontar, ainda que silenciosamente, um novo norte!

O contexto onde o background epistemológico é aplicado, sob a forma de um projeto de extensão, é descrito no subitem 3, onde a amostração do cenário hospitalar se dá a partir da caracterização de pessoas concretas – ainda que chamadas de pacientes, pois que inevitável sê-los nesses contextos! A qualificação do transcender e do bordar se mostra ainda na descrição da situação dos pacientes em seu mundo da vida, mas também na natureza dos instrumentos empregados ao longo do projeto. Aliás, tais instrumentos não são apenas descritos, mas também literalmente desenhados, de modo que o leitor possa, sem necessariamente romper a cadeia de significantes, simultaneamente: sobrevoar os céus da liberdade da vontade de sentido e mergulhar na profundidade das águas da compreensão de seus múltiplos significados.

E, se até aqui, leitor, este prefácio lhe pareceu por demais "etéreo", para além da concretude, somática e existencial, da dor cotidianamente vivenciada e assistida no contexto hospitalar, certamente que a leitura dos subitens 4 – trazendo relatos, desenhos e experiências concretas dos pacientes contemplados com o projeto extensionista, e 5 – apresentando as análises da Régua do Sentido e da Bússola dos Valores, podem lhe testemunhar o *quantum* de sentido é capaz de brotar, transcender e bordar a própria dor a partir do momento em que o ato de liberdade em se posicionar, no mundo da vida, ultrapassa as condições somáticas e ambientais. Desse testemunho, será possível compreender como que, em quaisquer circunstâncias, o homem nunca deve ser visto e interpretado como um sistema fechado em si mesmo, ainda que sob o impacto das grades e das limitações impostas pelas doenças somáticas ou situado no interior dos muros de um hospital. Aliás, será aí mesmo que a dimensão noética mais se revela, como o silêncio entre os sons, como o não dito nas entrelinhas, ou como o indizível que se expressa ininterruptamente: no encontro dos olhares, no movimento dos afetos, na contundência das atitudes e posturas, na luminosidade de gestos e ações... enfim, no desenrolar da existência que nos surpreende a cada momento.

E o que o psicológico tem a ver com isso? É que ele vai se encontrar com o somático e o noético em todos os níveis, reflexivos e pré-reflexivos, nesse movimento natural da consciência e existência humanas. Assim, o psicólogo tem em mãos inúmeras oportunidades de, a partir desse encontro – como demonstram os diversos recursos empregados pelos extensionistas, atores do trabalhos e atores dessa obra, supervisionados pelo professor Thiago Aquino – tanto de compreender, mas sobretudo de ajudar a despertar e desvelar, mais e mais, a liberdade da vontade, a vontade de sentido e o sentido da vida daqueles a quem assiste em contextos de saúde.

Mas, sem dúvida, a obra é também um convite a um olhar interdisciplinar para a atuação nos contextos de saúde, qualificando a ação conjunta dos diversos profissionais das ciências biológicas, humanas e sociais. Assim, a ação psicológica se junta à ação dos médicos, enfermeiros, assistentes sociais, capelães... e tantos outros.

A interdisciplinaridade se aplica também no próprio âmbito da psicologia que, em sua trajetória, muitas vezes, mais preocupada em delimitar linguagens específicas dentro de suas respectivas abordagens teóricas, descuidou do trans e descuidou da borda. Há que se rever a arrogância das hegemonias teóricas que, em nome da coerência epistemológica, esqueceu que o homem não se deixa reduzir... nem ao consciente e nem ao inconsciente. Nem ao determinismo e nem ao obscurantismo. A psicologia, qualquer que seja a vestimenta-abordagem que adota, há que aprender muito da humildade de Viktor Frankl. Ele mesmo que, diante de Freud, se considerava um anão. Mas, ainda que humildemente, jamais se deixou abater em sua vontade de liberdade e de sentido. E reconheceu que, quando um anão tem a coragem de subir nos ombros de um gigante, é capaz de enxergar mais longe.

O silêncio que trans-borda é como aquele anão. Costuma ficar ali, encolhidinho entre as palavras. Mas é portador de um valor inestimável! Pois que capaz de subir no ombro dos sons mais gigantes. Sim, bem ali, entre os sons mais gigantescos, e acima deles, sobe o silêncio. Sem silêncio... como reconhecer e discriminar os diferentes sons?

Obrigada aos autores desta obra por nos mostrar isso.

Marta Helena de Freitas

Presidente da Associação Internacional de Psicologia da Religião – IAPR
Coordenadora do Laboratório "Religião, Saúde Mental e Cultura"
Programa de Pós-graduação em Psicologia
Universidade Católica de Brasília

1 APRESENTAÇÃO

Daniela Matias Bonfim
Gabriel Menino Gaudêncio
Karen Guedes Oliveira
Maria Eduarda Franco Chaves
Sarah Xavier Vasconcelos de Fialho Rodrigues
Thiago Antônio Avellar de Aquino

O presente livro surge com o intuito de registrar a experiência dos extensionistas participantes do Projeto Práticas de Espiritualidade e Saúde Centrada no Sentido de Vida, no contexto hospitalar, realizado na Clínica Médica do Hospital Universitário Lauro Wanderley (HULW), na cidade de João Pessoa, Paraíba, Brasil. Tal prática teve a finalidade de despertar a dimensão noética, concebida por Frankl (1995; 2006; 2011) como especificamente humana, uma vez que esta permanece saudável apesar do adoecimento no campo somático. Ademais, objetivou-se ampliar a área da liberdade e das possibilidades do vir-a-ser dos pacientes.

Para tanto, foram utilizados recursos orientados à percepção e à realização de valores e sentidos na vida presentes, no aqui e agora, visto que a dimensão noética deve ser posta em movimento por meio de sua expressividade. Assim, os atendimentos foram realizados por extensionistas estudantes de Psicologia e de Ciências da Religião, de forma semanal, durante oito meses. Ao todo, 35 pacientes foram atendidos pelo projeto de extensão, sendo a sua maioria visitada apenas uma vez, devido à alta rotatividade da Clínica Médica.

Durante a prática, mobilizaram-se os seguintes recursos: Anamnese Afetiva, com o objetivo de promover uma abordagem mais humanizada e estabelecer um vínculo inicial com os pacientes;

o Inventário Existencial, presente na Régua do Sentido (Aquino, 2018), que tenciona ampliar a percepção de liberdade e o despertar a responsabilidade do ser humano perante a sua própria existência, visto que o homem não é livre de condicionantes biopsicossociais, mas é livre para posicionar-se diante deles, manifestando o valor atitudinal. Também foi utilizada a Bússola dos Valores, com a finalidade de despertar a consciência desses aspectos mais latentes na vida de cada paciente, a partir da tríade de valores, a saber: atitudinal, criativo e vivencial.

Perante a experiência, analisada sob um olhar fenomenológico, observou-se que, por meio das falas que emergiram, os pacientes puderam vivenciar aspectos existenciais fundamentais, tais como a consciência da liberdade e a consciência de um sentido. Outrossim, considerando o homem como ser constitutivamente relacional, averiguou-se, por meio dos relatos dos pacientes, o vínculo familiar como um chamado à abertura e ao outro, possibilitando a realização do núcleo ontológico. Evidenciou-se, portanto, a presença do fenômeno espiritual da autotranscendência como um caminho para a consciência de um sentido na vida no processo de hospitalização do paciente.

Desse modo, no contexto hospitalar, a dignidade da pessoa pode ser comprometida à medida que o desenvolvimento técnico científico avança e quando a ênfase na doença se sobrepõe à pessoa com a enfermidade (Backes; Lunardi; Lunardi, 2006). Nesse sentido, seguindo os passos da humanização hospitalar, as experiências aqui relatadas justificam-se por corroborar com uma prática dos cuidados subjetivos junto aos pacientes no contexto hospitalar, presumindo a totalidade bio-psico-espiritual. Como referencial teórico e metodológico, utilizou-se a Logoterapia e a Análise Existencial de Viktor Frankl (1905-1997), cujo sistema de pensamento tem por finalidade principal ajudar o paciente a expressar a sua dimensão espiritual, com o escopo de ampliar o seu impacto para a saúde do psicofísico, na medida do possível.

Para Elisabeth Lukas, a logoterapia inferiu que deveria mobilizar as forças espirituais dos pacientes com a intenção de sua autopreservação. A autora considera que se deve ampliar a parte saudável do paciente, aquilo que é íntegro como a dimensão espiritual do ser humano, posto que não seria passível de adoecimento (Lukas, 1989). Assim, sugeriu que "(...) a esfera psicofísica do homem pode ser influenciada por forças espirituais no sentido da cura" (Lukas, 1989, p. 67). Já o espiritual, em Viktor Frankl, coincide com o especificamente humano e, por conseguinte, a dimensão humana desvela a unicidade e humanidade do ser, bem como se encontram disponíveis de forma facultativa. Com isso, torna-se necessário despertar os seus recursos humanos, os quais se manifestam por meio do autodistanciamento e da autotranscendência (Frankl, 2011).

Nesse segmento, compreende-se que todo ato espiritual é caracterizado por meio das duas capacidades antropológicas: autodistanciamento, que "é a capacidade de se distanciar das situações exteriores, de nos colocarmos firmes em relação a elas; mas somos capazes não somente de nos distanciarmos com o mundo, mas também com nós mesmos" (Frankl, 1986, p. 19); e autotranscendência, que "denota o fato de que o ser humano sempre aponta e se dirige a algo ou alguém distinto de si mesmo" (Frankl, 1986, p. 26). Pode-se concluir, dessa forma, que o espiritual no homem é puro movimento, não seria substância e, portanto, não poderia ser concebido com o seu substantivo "espírito" (Frankl, 2019). Em termos mais específicos, o autor esclarece que:

> Na dimensão espiritual localiza-se a tomada de posição, livre, em face das condições corporais e de existência psíquica. Acham-se aí as decisões pessoais da vontade, intencionalidade, interesses práticos e artísticos, pensamento criativo, religiosidade, senso ético (consciência moral) e compreensão do valor (Lukas, 1989, p. 28-29).

Por sua vez, para Bermejo (2021), as necessidades espirituais dos pacientes, em contexto hospitalar, deveriam ser mais bem acolhidas, sobretudo em pacientes graves ou em cuidados paliativos. Nessa mesma esteira, Gün e Dufner (2008), em seu livro "A saúde como tarefa espiritual", aventaram que a doença seria uma forma de questionamento ontológico, que abre uma perspectiva para o futuro, assim, consideraram as seguintes indagações: "Qual o objetivo da minha doença? O que ela pretende me dizer? A que devo dar mais atenção em minha vida? O que eu devo mudar?" (Gün; Dufner, 2008, p. 9).

Logo, a incumbência deste livro é apresentar uma intervenção, no contexto hospitalar, baseada nos pressupostos antropológicos de Viktor Frankl, os quais preceituam que a dimensão espiritual do paciente precisa ser posta em movimento por meio de sua expressividade. Para tal, elencou-se várias estratégias para despertar essa dimensão humana. Em última análise, recorreu-se aos valores existenciais, quais sejam: Valores criativos, Valores vivenciais e Valores atitudinais.

Isto posto, este livro teve como objetivo geral despertar as forças espirituais dos pacientes por meio de intervenções orientadas à percepção e à realização de valores e sentidos na vida. Especificamente, buscou identificar as necessidades espirituais dos pacientes; ampliar a percepção dos sentidos que constituem sua existência e clarificar os aspectos positivos da existência, apesar das condições de adoecimento e de hospitalização.

2 A PERSPECTIVA DE VIKTOR FRANKL APLICADA AO CONTEXTO HOSPITALAR

Bárbara Dias Tenório
Gabriel Menino Gaudêncio
Maria Eduarda Franco Chaves
Sarah Xavier Vasconcelos de Fialho Rodrigues
Thiago Antônio Avellar de Aquino

O presente capítulo pautou-se na Logoterapia e na Análise Existencial frankliana, fundamentando-se em uma concepção antropológica que discorre acerca da visão de homem e de mundo. A fim de estear os conceitos que fundamentam este estudo, elencam-se os três pilares basilares da Logoterapia e Análise Existencial, a saber: a liberdade da vontade, a vontade de sentido e o sentido da vida. O primeiro trata da liberdade da vontade humana, em oposição ao pandeterminismo. Na visão analítico existencial, a pessoa possui uma liberdade, finita e não onipotente, mas que permanece, para se posicionar diante dos condicionantes biopsicossociais. Para Frankl (2016), é impossível falar em liberdade sem tratar da responsabilidade, isto é, da capacidade que a pessoa tem de dar uma resposta perante os outros e perante as situações da vida, possibilitando a realização de sentidos. Frankl (2011, p. 86) destaca, ainda, que o ser humano "deve obedecer, incondicionalmente, à sua própria consciência".

Contudo, antes de partir para os demais pilares dessa teoria, importa tratar brevemente sobre a consciência, em Viktor Frankl. Descrita como o órgão do sentido que atravessa a dimensão noológica, a consciência seria a capacidade intuitiva do homem de procurar e descobrir o sentido de cada situação. Ressalta-se que ela é passiva de erro, entretanto, o homem fiel à sua humanidade obedece à própria consciência, "a possibilidade de errar não o dispensa da necessidade de tentar" (Frankl, 2011, p. 85). E, ainda, o órgão do sentido vívido e ativo constitui-se como caráter de resistência às consequências do vazio existencial, ao conformismo e ao totalitarismo (Frankl, 2021).

Esse fundamento contrapõe-se ao pandeterminismo (Frankl, 2011), tendo em conta que o ser humano não é livre de condicionantes, porém, pode, apesar deles, posicionar-se mediante as possibilidades do poder-ser que se encontram na área de liberdade. Dessa maneira, o adoecimento somatogênico não condiciona a totalidade do ser humano, afinal, o ente é mais que a sua patologia, pois o espiritual no homem não pode ser reduzido ao paralelismo psicofísico. Nessa conformidade, não se pode perder a dimensão da liberdade espiritual embora as condições restrinjam a área de escolhas humanas. Em outras palavras: "O homem não é livre de suas contingências, mas, sim, livre para tomar uma atitude diante de quaisquer que sejam as condições que sejam apresentadas a ele" (Frankl, 2011, p. 26).

À continuidade, o segundo pilar, a *vontade de sentido* concerne à motivação primária do ser humano e se insurge ao princípio da homeostase. Com isso, o ser humano necessita de uma tensão existencial entre o "ser" e o "poder ser". Segundo o autor em foco, "encontra o homem um sentido, então (mas na verdade também apenas então) ele é feliz – por um lado; pois, por outro lado, ele então é capaz de sofrer" (Frankl, 1990, p. 26).

Ademais, no contexto de hospitalização, torna-se necessário ser consciente de um *para quê* recuperar a saúde, o que só é possível quando o ser humano se projeta para o futuro. Nesse sentido, podem emergir perguntas sobre o sentido último da vida, ou seja, o *para quê* do *para quê* em pacientes que se encontram em fim de vida, ou em condições grave de adoecimento. Em todo caso, a descoberta de um sentido, apesar do adoecimento, proporciona uma mobilização de recursos internos salutogênicos, por conseguinte, "(...) a saúde mental está baseada em um certo grau de tensão, entre aquilo que já se alcançou e aquilo que ainda se deveria alcançar" (Frankl, 2008, p. 129). Logo, no processo de adoecimento e saúde, deve-se alçar possibilidades no futuro, abrindo a disposição prospectiva do paciente.

A *vontade de sentido* refere-se à mais humana de todas as necessidades humanas, a principal força motivacional de encontrar um sentido. Esta se opõe à necessidade de prazer freudiana e, ainda, à necessidade de poder adleriana, visto que o espírito não busca o prazer ou o poder, conforme explica Lukas (1992), e sim busca o sentido. "Isto é, o homem é caracterizado pela busca de sentido e propósito na vida, e a inquietude do coração (para utilizar termos agostinianos) só cessa quando ele encontra e cumpre tal sentido e tal propósito" (Frankl, 2016, p. 173). A fim de ilustrar a presença da vontade de sentido nos pacientes, importa pontuar aqueles que queriam contar sua vida como inspiração para pessoas que possam se encontrar em sofrimento.

Por fim, o terceiro pilar da Logoterapia, o *sentido na vida*, caracteriza-se por ser único, mutável – de situação para situação ou mesmo de hora para hora. É algo concreto e objetivo, singular e irrepetível (David, 2016), ou seja, cada pessoa é responsável por preencher seu sentido, seja realizando ou vivenciando algo, ou se posicionando frente a um destino imutável, de modo que a vida jamais deixa de ter sentido.

O *sentido da vida* é um fundamento que se opõe ao niilismo, pois pressupõe que o sentido seria incondicional. Em contextos de vulnerabilidade, ou situações limites, é possível emergir uma confiança, ou uma fé no transcendente oculto, promovendo a buscar um sentido último da vida. Ademais, um dos princípios da logoterapia preconiza que "a suportabilidade da vida está ligada à percepção de sentido" (Lukas, 1992, p. 81).

Assim, a orientação do homem para o sentido e para os valores na existência constitui, em última análise, a motivação primária, portanto, pode-se considerá-la como um fenômeno autêntico. Isso significa que na medida em que o ser humano transcende para algo no mundo ou alguém como um tu, mais realizado existencialmente tornar-se-á. Mediante essa premissa, concebe-se que a autotranscendência seria um fator de proteção à saúde (Frankl, 2011).

Desse modo, o sentido, para o autor em questão, é exclusivo para uma determinada pessoa e específico, dado que está latente em uma situação específica. Por conseguinte, o sentido na vida seria dinâmico, já que se modifica de uma situação para outra e pode se manifestar na consciência humana por meio de três valores: vivenciais, criativos e atitudinais (Frankl, 2020).

Consoante ao sugerido pela logoterapia, como o ser humano é radicalmente aberto ao mundo pode vivenciar alguém como *homo amans*, ou receber algo do mundo, a exemplo dos valores estéticos. Ademais, pode criar algo para o mundo, o tornando mais belo, por meio dos valores criativos. Entretanto, quando não pode mais criar ou vivenciar, quando se encontra como *homo patiens*, pode, ainda, posicionar-se mediante a sua postura interior perante um destino sofrido e inevitável.

Segundo esclarece Frankl (2019, p. 40), o sentido seria dinâmico posto que "a realidade sempre se apresenta na forma de uma particular situação concreta e, uma vez que cada situação de vida é irrepetível, segue-se que o sentido de uma dada situação é único". Nessa senda, o princípio fundamental da prática da logoterapia seria o de possibilitar o campo perceptivo para que o paciente possa ampliar a percepção de valores objetivos e concretos que se encontram disponíveis no passado, no presente e, também, no futuro (Frankl, 2008).

Nessa perspectiva, não apenas nos momentos positivos da vida, mas sobretudo em situações trágicas da vida, como dor e sofrimento, requerem um sentido para serem suportados. No âmbito da Logoterapia, a vida pergunta e o ser humano responde com posturas ou ações. Segundo Lukas (1990, p. 134),

> Qualquer sofrimento chama por uma resposta à pergunta "Por quê?". Qualquer sofrimento quer saber seu sentido.

> Existe um sentido para o sofrimento? O paciente aguarda ansiosamente uma resposta do terapeuta, que inevitavelmente precisa falar sobre o sofrimento, suas causas, seu prognóstico – e seu sentido.

Conforme os ensinamentos da Logoterapia, a orientação para o sentido possui tanto um valor protetivo quanto de sobrevivência, pressupondo uma relação entre a motivação primária, os afetos e o sistema imunológico. Isto posto, Frankl (1995, p. 233) concluiu que "(...) não só a situação imunológica depende da situação afetiva, mas que também a situação afetiva depende da motivação". Nessa esteira, torna-se pertinente uma prática de espiritualidade e saúde centrada no sentido de vida, em contexto hospitalar.

Para a melhor compreensão, torna-se necessário discorrer acerca dos valores que dão sentido à vida. Antes, porém, é válido salientar que é pela realização dos valores e sentidos que a vida se torna significativa. Fenomenologicamente, Frankl (2021, p. 146), os descreve como "sentidos universais", os quais aliviam a condição humana, ou seja, diante das circunstâncias que convidam o ser humano a responder responsavelmente, existem aquelas com algo em comum, partilhadas pelos seres humanos, que dizem respeito à sua própria condição, entendidas como valores, esses sentidos que são cristalizados nas situações típicas da humanidade (Frankl, 2021). Enquanto o sentido seria concebido como o valor que está inserido na situação específica de uma pessoa, por esse motivo, é sempre situacional e pessoal.

Dito isso, Frankl (1986) concebe três categorias de valores que devem ser atualizados – necessitam, pois são imperativos – de acordo com as situações existenciais, são eles: valores criativos, vivenciais e atitudinais. Assim, os valores criativos são atualizados pelo fazer, ou melhor, pelo modo como o indivíduo faz ou realiza algo que está ligado à sua contribuição à sociedade. Isso porque o trabalho, o criar em geral, representa a área pela qual a unicidade do indivíduo põe-se em relação com a sociedade e, por isso, adquire valor e sentido (Frankl, 1986).

Durante a extensão, averiguou-se que vários pacientes demonstraram a vivência desse valor, inclusive realizando-o na própria internação, a exemplo de Rebeca que fazia crochê no leito. Registra-se, aqui, primeira visita foi marcada por uma senhora a qual, em seu Inventário Existencial, demonstrou como seu trabalho de fazer sabão era significativo, inclusive dizendo que essa foi sua principal realização, que se sentia insubstituível nesse trabalho e esperava pela sua recuperação para voltar a essa atividade.

Já os valores vivenciais são realizados pelo experienciar ou receber algo do mundo (da natureza, da arte, de pessoas). Logo, não são ativos como os primeiros, mas passivos, uma vez que "amar é viver a experiência de outra pessoa em toda sua unicidade e singularidade" (Frankl, 1986, p. 132, tradução nossa). Dessa maneira, nesse valor, expressa-se o modo de ser amado(a) – sem esforço ou mérito, mas por graça, e a pessoa preenche essa realização de sua singularidade. Um caso que ilustra esse tipo de valor é o de Magnólia, que relatou como o seu casamento havia melhorado, durante a internação, e como o apoio e o carinho de seu marido lhe fortalecia.

A esse respeito Frankl (1991) explica que:

> "Amar significa dizer tu a alguém. E não significa apenas poder dizer tu a uma pessoa, mas ainda dizer sim a ela: portanto, não somente ocupar-se dela em sua essência, em sua singularidade e unicidade, (...), mas ainda reconhecê-la em seu valor intrínseco. (...) não o ver só como efetivamente é, mas ainda como possa vir a ser e deva ser. Em outras palavras, para usarmos a bela frase de Dostoiéwiski, 'amar significa ver a outra pessoa assim como Deus a pensou'" (Frankl, 1991, p. 78).

Por fim, os valores atitudinais são vivenciados quando o indivíduo enfrenta algo inalterável, que ele não pode escolher. Aqui, vale ressaltar esse aspecto, visto que Frankl (2021) insiste que o sofrimento deve ser suportado quando ele é inevitável, inescapável, senão seria um sofrimento masoquista e não se constituiria num sentido, aspecto relacionado com a tríade trágica. Em resumo, "nós damos sentido à vida ao atuar, bem como ao amar – e, por fim: ao sofrer" (Frankl, 2022, p. 43).

CURA MÉDICA DE ALMAS

A exposição da perspectiva antropológica de Viktor Frankl, desenvolvida por Aquino (2023), também fundamentou as práticas realizadas ao longo do projeto de extensão. Além de discorrer sobre a visão de homem, proposta pelo médico vienense, o artigo revela a natural tendência da teoria frankliana para uma práxis médico-espiritual, chamada de *Ärztliche Seelsorge*. Esse termo foi introduzido por Frankl em seus dois primeiros livros pós-guerra (*Ein Psychologe erlebt das Konzentrationslager* e *Ärztliche Seelsorge: Grundlage der Logotherapie und Existenzanalyse*), o que indica uma intenção primordial da obra frankliana. Segundo Aquino (2023), *Seelsorge* (*Seele*, alma; *Sorge*, preocupação) pode ser compreendido como uma prática de aconselhamento, cuidado, orientação e assistência pastoral, enquanto *Ärztliche* significa médico. Dessa forma, pode-se presumir a expressão *Ärztliche Seelsorge* como "pastoral médica" ou "cura médica de almas".

A ANTROPOLOGIA DE VIKTOR FRANKL

A perspectiva antropológica é um elemento nuclear na obra de Frankl, dado que dela derivam as práticas relacionadas à logoterapia e à análise existencial, bem como a cura médica de almas, anteriormente mencionada. Nesse segmento, concebe-se o ser humano como *unitas multiplex*, isto é, uma unidade multidimensional, cujos componentes são as dimensões somática, psíquica e espiritual (também chamada noológica). Deve-se enfatizar de antemão que a dimensão espiritual não diz respeito a uma realidade religiosa, ou teológica, sendo, antes, uma conceituação antropológica (Frankl, 2011, p. 28 *apud* Aquino, 2023).

Nesse entendimento, a dimensão somática refere-se aos fenômenos do corpo, dentre os quais se incluem as doenças orgânicas. Já a dimensão psíquica corresponde ao âmbito dos desejos, instintos e afetos, positivos e negativos (Lukas, 1989). Assim como a dimensão somática, a dimensão psíquica é passível de adoecimentos, como se observa em casos de depressão, ansiedade, compulsão e outros, além disso, tais dimensões não são fechadas em si mesmas, mas interagem entre si.

A dinâmica do eixo psicossomático (ou psicofísico) pôde ser frequentemente percebida no contexto hospitalar, no qual se presenciou como o bom humor (afeto positivo) auxiliava pacientes no alívio (e melhora) de seus sofrimentos físicos. O efeito contrário pode ser observado no dia a dia: uma pessoa em um dia de muitas preocupações relativas ao trabalho (afeto negativo) pode sofrer, por consequência, de dores de cabeça, problemas de sono e, até mesmo, de febres e outras formas de adoecimento físico.

Por seu turno, a dimensão espiritual/noológica é a dimensão propriamente humana, constituindo, desse modo, o núcleo da personalidade do ser humano. Essa dimensão é marcada pela liberdade, na proporção que pode se contrapor ao eixo psicofísico. Isto significa dizer que, mesmo que o corpo esteja debilitado e a psíquica esteja com predominância de afetos negativos, a partir da dimensão espiritual o indivíduo pode decidir-se por uma postura considerada positiva, contrastando e contrapondo-se ao eixo psicofísico. Nessa perspectiva, a psique e o corpo podem condicionar o ser humano, porém, não o determina (Aquino, 2023).

Um paciente internado por causa de alguma disfunção orgânica provavelmente sofrerá de dores no corpo (dimensão somática), às quais podem se somar sentimentos de incerteza, tristeza e frustração. Nessas condições, o paciente poderá tender a uma postura desanimada e queixosa (dimensão psíquica). Contudo, a partir de um movimento da dimensão espiritual, o indivíduo pode optar por evitar se queixar, buscando sorrir para os outros pacientes e para os profissionais do hospital. Por conseguinte, esse paciente passará a experimentar sentimentos mais positivos, os quais poderão agir em sentido contrário ao mecanismo fisiológico do estresse, favorecendo o sistema imunológico (James *et al.*, 2023) e a recuperação da saúde (noopsicosomática). Frente ao exemplo, é possível elencar os três aspectos da dimensão espiritual: seu caráter salutogênico, a autotranscendência e o autodistanciamento.

Nesse sentido, a característica salutogênica refere-se à capacidade da dimensão noológica de preservar a liberdade do indivíduo para posicionar-se perante o psicofísico, mesmo quando o corpo e a psique estão debilitados. Dessa maneira, a dimensão noológica configura-se como a dimensão saudável do ser, de onde parte o movimento de busca de sentido. No exemplo supracitado, o paciente optou livremente por sorrir e evitar se queixar, mesmo quando o corpo e os sentimentos o predispunham a isso. Assim, "ainda com o declínio do psicofísico, a pessoa espiritual seria apenas limitada em sua expressividade, e por esse motivo não perderia o seu valor e dignidade como ser humano" (Aquino, 2023, p. 3).

Ainda sobre o mesmo exemplo, ao optar por sorrir para os outros, observa-se também o fenômeno da autotranscendência, o qual corresponde ao movimento do ser humano de voltar-se para algo exterior que não ele mesmo, podendo ser, por exemplo, uma pessoa ou uma causa. Essa abertura para fora de si pode ser observada sob a perspectiva dos valores vivenciais, quando o sujeito recebe algo do mundo e dos valores criativos, quando algo é criado ou modificado para o mundo a fim de enriquecê-lo (Aquino, 2023).

Já o autodistanciamento é compreendido como o posicionamento espiritual perante os condicionamentos da dimensão somática e da dimensão psíquica (Aquino, 2023). No exemplo mencionado, esse fenômeno é percebido na opção do paciente por não se queixar, embora sentisse dores e seu estado de saúde lhe garantisse sempre bom ânimo.

Salienta-se que as práticas realizadas no presente livro também foram inspiradas em uma experiência relatada por Elisabeth Lukas, aluna de Frankl e uma das principais expoentes da logoterapia. Em seu relato, intitulado *A última obra prima*[1], Lukas (2002) mostra a concretização da antropologia frankliana, no contexto hospitalar, ao realizar uma oficina artística com pacientes da aids, na Sicília. Segundo a autora, a maioria dos pacientes eram homens jovens que haviam sido infectados pelo HIV em contextos de uso de drogas. Muitos deles haviam cometido crimes e estavam presos. Além disso, seus vínculos familiares e sociais estavam fragilizados e, com o avanço da doença e suas complicações, os pacientes encontravam-se bastante debilitados e desesperançosos, de forma que, vulneráveis, viam-se imobilizados no aguardo da morte.

Nesse contexto, propôs-se a realização de uma oficina de pintura de ícones, orientada por um artista residente no local. Todos os pacientes desejaram participar e puderam escolher livremente a temática e as dimensões da obra. Foi proposto, também, que cada paciente dedicasse seu ícone a uma pessoa. Alguns dedicaram seus ícones, por exemplo, a familiares e aos profissionais do hospital, como forma de agradecimento.

Apesar da fraqueza do corpo, os pacientes empregaram grande dedicação à arte durante os doze meses do projeto. O balanço da experiência mostrou que o consumo de analgésicos do hospital foi reduzido pela metade; os gritos de agonia, antes frequentes, não foram mais emitidos; nenhum dos pacientes morreu antes de concluir seu ícone. Diante desse cenário, a redução do consumo de analgésicos indica que os pacientes puderam "esquecer-se" de suas dores por um tempo; a ausência dos gritos de agonia, antes frequentes no último momento de vida dos pacientes, sinaliza uma morte mais reconciliada; e o fato de nenhum paciente ter morrido enquanto confeccionava sua obra revela a força da saúde da dimensão espiritual sobre a enfermidade do corpo.

Dessa maneira, o sofrimento constitui-se como um dos elementos da tríade trágica pensada por Frankl (2011). Em sua totalidade,

---

[1] Texto traduzido do alemão por Carlos Almeida Pereira.

a tríade é formada por sofrimento, dor e morte, aspectos que se relacionam enquanto são inevitáveis na existência humana. "Não há um único ser humano que possa dizer que jamais sofreu, que jamais falhou e que não morrerá" (Frankl, 2011, p. 94). Convém ressaltar que essa concepção não faz da Logoterapia e Análise Existencial uma escola pessimista, uma vez que ensina que todos os aspectos negativos da existência podem se converter em algo positivo, criativo ou numa realização, desde que exista diante de si uma postura adequada (Frankl, 2016).

Acerca dessas posturas, Frankl (2021) afirma que a atitude perante o sofrimento se relaciona a um destino inevitável, enquanto a postura face à culpa diz sobre si mesmo. A última apresenta-se como uma oportunidade de definir-se e redefinir-se, sendo um "privilégio do homem a possibilidade da culpa" (Frankl, 2021, p. 95) e sua a responsabilidade em superá-la. Já a morte é constitutiva para o sentido da vida, uma vez que sem ela o homem estaria isento de suas responsabilidades, tudo lhe seria adiável, nada o atrairia para a realização de valores e para preencher o sentido da vida (Frankl, 2019).

Ainda sobre a vivência atitudinal diante da tríade trágica, Lukas (1992) a categoriza três vias, quais sejam: relacionando-se ao sofrimento, cabe a atitude de transformá-lo numa conquista e realização humana; já a culpa pode servir de oportunidade de mudar a própria pessoa, sendo uma forma de crescimento; e, por fim, a finitude e transitoriedade lembra o ser humano sobre a responsabilidade em suas ações (Lukas, 1992, *apud* Aquino, 2023).

Tais posturas recordam que na impossibilidade de mudar situações, o ser humano é estimulado a mudar a si mesmo (Frankl, 2019). Ou seja, existe uma liberdade que permanece nessas circunstâncias – a liberdade da atitude espiritual (Lukas, 1992). O indivíduo pode escolher agir queixando-se, hiper-refletindo ou direcionar-se às realizações positivas de sentido. Ressalta-se que são esses os sentidos mais profundos – aqueles que advêm de um valor atitudinal, "quanto mais elevado o valor de um 'para quê' mais profundo é o sentido do sacrifício a ser feito" (Lukas, 1992, p. 212).

Nesse cenário, percebe-se como o valor do sacrifício foi redentor para a paciente Helena. Acometida por lúpus, recusou tratamento após o diagnóstico, dizendo que não queria mais viver. Entretanto, ao perceber que pela sua morte seus filhos ficariam desamparados, voltou a tomar os remédios e a cuidar de sua saúde. Observa-se que a proximidade da morte, seja pela vivência de um luto, seja por um processo de adoecimento, pode contribuir para que a pessoa possa emergir para questões existenciais, tais como a responsabilidade, o valor do sacrifício ou mesmo despertar para um sentido da vida. "Diante da ameaça da morte, trata-se de lutar pelo sentido da morte... a caminhar para ela de cabeça erguida" (Frankl, 2019, p. 309). A morte é também um mistério, conforme apontou Magnólia (paciente cujo caso será abordado mais adiante): "Não sei para onde vou, só sei que estou indo", relatou, mostrando estar se preparando para esse destino inevitável.

Frankl (2019) recorda que aquilo que está no passado é eternamente guardado, vai ser sempre um feito daquela pessoa. Há quem encare isso com temor e tristeza, que as folhinhas do calendário, ao serem destacadas, vão passando e há quem destaca cuidadosamente cada folha, juntando às outras e sabendo de seu valor com orgulho e alegria. A morte, então, seria um despertador para nossa existência real no mundo (Frankl, 2019).

POSICIONAMENTO PERANTE O SOFRIMENTO INEVITÁVEL

Nessa continuidade, ao abrir-se para fora de si e posicionar-se espiritualmente perante o sofrimento do eixo psicofísico, o ser humano pode encontrar sentido a partir do valor atitudinal, o qual refere-se à postura adotada frente aos acontecimentos inevitáveis da vida. Nesse sentido, Aquino (2023) discute três atitudes possíveis perante o sofrimento: o escapismo, o masoquismo e o heroísmo (Tabela 1).

Tabela 1 – Três atitudes perante o sofrimento

	Escapismo	Masoquismo	Heroísmo
Sofrimento inevitável	Postura inadequada (sofrimento psíquico)		Postura adequada (saúde mental apesar do sofrimento)
Sofrimento evitável		Postura inadequada (adoecimento psíquico)	

Fonte: Elaboração própria.

Tanto o escapismo como o masoquismo podem ser entendidos como atitudes inadequadas. No escapismo, o sujeito procura esquivar-se de um sofrimento do qual não pode fugir, formando um ciclo vicioso que pode levá-lo à desesperança, frustração e autolamentação. Já, no masoquismo, o sujeito busca um sofrimento que poderia ser evitado, atitude que apontaria para uma psicopatologia, pela ideia limitante de que o sentido precisa ser encontrado através do sofrimento. E, por fim, no heroísmo, o sujeito não nega ou ignora o sofrimento inevitável, tampouco o pretende como um fim em si mesmo, todavia, o suporta em vista de um sentido, convertendo-o, assim, numa realização humana (Aquino, 2023).

Diferentemente das demais atitudes, o heroísmo é principalmente balizado pela dimensão espiritual, da qual decorrem os movimentos de autotranscendência e autodistanciamento. Em outras palavras, a partir da dimensão espiritual o sujeito pode distanciar-se das condições psicofísicas e voltar-se para fora de si, para um ideal ou alguém, o que o leva a encontrar sentido na situação de sofrimento.

Tal abordagem do sofrimento não constitui um idealismo desvinculado da realidade hospitalar, não obstante exija a superação de uma visão estritamente biológica do ser humano. O próprio Frankl (2008), enquanto médico atuante, testemunhou a concretização da atitude heroica, em seus termos: "Durante um quarto de século, dirigi o departamento neurológico de um hospital de clínica geral e pude testemunhar a capacidade dos meus pacientes de transformar seus sofrimentos em vitórias humanas" (Frankl, 2008, p. 169 *apud* Aquino, 2023, p. 5).

Os movimentos próprios da dimensão espiritual podem ser observados em outros detalhes a partir da análise de Aquino (2023) acerca de uma intervenção realizada por Frankl (2008) junto a outros prisioneiros no campo de concentração. Após um prisioneiro não identificado ter roubado alimento, os demais prisioneiros foram punidos com um dia inteiro sem refeições ao optarem por não delatar o infrator. Desse modo, a fim de motivar os companheiros, Frankl (2008) conduziu uma reflexão propondo, inicialmente, um olhar para o futuro e suas possibilidades positivas. Posteriormente, enfatizou as realizações eternizadas pelo passado, que poderiam nutrir o presente. Em seguida, reanimou os companheiros ressaltando o sentido que poderia ser encontrado no presente e que, por mais penosa que fosse a situação, não removeria a dignidade de cada um. Por fim, destacou o valor do sacrifício em nome de algo ou alguém, propondo também uma reflexão sobre por quem se sentiam responsáveis e o que estes esperavam deles.

3 PERCURSOS METODOLÓGICOS

Daniela Matias Bonfim
Karen Guedes Oliveira
Maria Eduarda Franco Chaves

3.1 ESTRUTURA DA CLÍNICA MÉDICA E PERFIL DOS PACIENTES ATENDIDOS

Para pôr em prática o projeto da extensão foi selecionado o Hospital Universitário Lauro Wanderley, mais especificamente a Clínica Médica. A escolha decorreu do fato de ser um hospital universitário integrado à Universidade Federal da Paraíba, sendo um componente facilitador para a inserção dos alunos e de produção científica em decorrência da prática.

Nesse cenário, a Clínica Médica possui como missão:

Prestar uma assistência integral, ética e humanizada à comunidade, vinculada aos princípios e Diretrizes do Sistema Único de Saúde, na busca permanente pela excelência, desenvolvendo atividades de ensino, pesquisa e extensão para formação de profissionais que respeitem a dignidade humana e sejam agentes transformadores da sociedade (EBSERH, 2019, p. 7).

A Clínica Médica é uma unidade de internamento de funcionamento 24h, com várias especialidades. O público-alvo são adultos, de ambos os sexos, com idades acima de 17 anos (EBSERH, 2019). Em relação a sua estrutura, a Clínica Médica é dividida em dois blocos, A e B, sendo que as intervenções ocorreram apenas no bloco A, visto que o bloco B estava em reforma no período de duração do projeto de extensão. O bloco A conta com 15 enfermarias e 34 leitos, e cada enfermaria possui, no máximo, quatro pacientes. As especialidades mais frequentes em cada enfermaria são neurologia, reumatologia, nefrologia, hemodinâmica e oncologia (EBSERH, 2019).

Dessa maneira, a partir da prática, percebeu-se algumas especialidades nos atendimentos, além das citadas anteriormente, como gastroenterologia, cardiologia, pneumologia e endocrinologia. A grande maioria desses pacientes chegavam ao HULW por meio de encaminhamentos de outros serviços de saúde do Sistema Único de Saúde (SUS), como a Unidade de Pronto Atendimento (UPA).

Após o fim do processo de planejamento dos encontros, os extensionistas passaram a visitar semanalmente os pacientes e, em paralelo a esse procedimento, os alunos permaneciam sendo supervisionados a fim de alinhar as intervenções e discutir os casos atendidos. A rotina dos extensionistas consistia em duas horas de supervisão e uma hora de atendimento aos pacientes. No momento dos atendimentos, os extensionistas eram divididos em duplas para facilitar a anotação das respostas dos pacientes e o manejo dos instrumentos, entretanto, no decorrer do projeto e, consequentemente, com o ganho de experiência, esse processo passou a ser flexibilizado, ocorrendo visitas individuais.

Ao todo foram atendidos 35 pacientes, todavia, apenas 32 realizaram o inventário existencial. Isso decorreu do fato desses pacientes apresentarem algumas limitações utilização desse instrumento, principalmente, devido a algum tipo de impedimento na fala, aspecto essencial para associação livre. Apesar disso, os pacientes não deixaram de ser atendidos, sendo a condução dos encontros voltadas à promoção de uma conversa baseada nas perguntas da anamnese afetiva e com o objetivo de valorizar os aspectos positivos que a pessoa conseguia vislumbrar, apesar da situação de internação.

Desse modo, dentre os 35 pacientes atendidos, 28,5% possuíam entre 18 e 30 anos de idade, seguido pelos idosos (com mais de 61 anos) com 25,7%. Constata-se, então, uma homogeneidade nas porcentagens que demonstra a diversidade de faixas etárias atingidas pelo projeto. A média de idade foi de 40,28 anos (DP=25,5).

Tabela 2 – Porcentagem das idades dos pacientes atendidos pelo projeto

Faixa etária (anos)	Porcentagem dos pacientes atendidos
18 - 30	28,5%
31 - 40	22,8%
41 - 50	14,2%
51 - 60	8,8%
61+	25,7%
Média de idade	40,28 anos

À continuidade, um dos aspectos que se sobressaiu na conjuntura da Clínica Médica foi sua alta rotatividade, isto é, a grande frequência de entrada e saída de novos pacientes. Isso fez com que a maioria dos pacientes fossem atendidos pelos extensionistas apenas uma vez, pois na semana seguinte já haviam recebido alta. Em dados quantitativos, 65% dos pacientes foram atendidos uma vez.

Tabela 3 – Porcentagem da quantidade de encontros por paciente

Quantidade de encontros por paciente	Porcentagem dos pacientes atendidos
1	65,7%
2	17,1%
3	14,2%
5	3%

Em relação às características pessoais dos pacientes atendidos, 65,72% foram mulheres e 34,28% homens. Sobre a religião, a maioria dos pacientes manifestaram seguir a religião católica (45,71%), seguida pela religião evangélica com 28,59%. Um ponto importante a ser ressaltado é que dois pacientes responderam não seguir nenhuma religião específica, todavia, afirmaram acreditar em Deus. Ademais, outros cinco pacientes autodenominam-se cristãos, porém, não se filiaram a nenhuma religião específica. De modo geral, todos os pacientes admitiram acreditar em Deus.

Tabela 4 – Porcentagem das religiões dos pacientes atendidos pelo projeto

Religião	Porcentagem dos pacientes atendidos
Católica	45,71%
Evangélica	28,59%
Testemunha de Jeová	2,85%
Adventista	2,85%
Cristãos	14,28%
Creem em Deus	5,72%

No tocante às doenças, muitos dos pacientes atendidos ainda não tinham o diagnóstico fechado e estavam realizando exames para descobri-lo. Portanto, foi realizado um levantamento com as hipóteses diagnósticas mais trazidas pelos pacientes, sendo lúpus a mais presente, com 22,9%.

Tabela 5: Porcentagem das hipóteses diagnósticas dos pacientes atendidos pelo projeto

Hipótese diagnóstica	Porcentagem dos pacientes atendidos
Lúpus	22,9%
Anemia	11,4%
Patologias neurológica	11,4%
Psoríase	11,4%
Patologias renais	8,6%
Patologias relacionadas ao álcool	8,6%
Patologias no sistema cardiovascular	8,6%

Hipótese diagnóstica	Porcentagem dos pacientes atendidos
Doença de Chron	2,85%
Patologias respiratórias	2,85%
Infecção urinária	2,85%
Infarto ocular	2,85%
Hemorragia digestiva	2,85%
Sem hipótese diagnóstica fechada	2,85%

Nota: as informações das hipóteses diagnósticas foram apresentadas a partir da fala do paciente.

Dentre os diagnósticos mais comuns, destaca-se o lúpus, a anemia grave, doenças neurológicas e a psoríase. O lúpus é uma doença inflamatória crônica e autoimune, seus sintomas podem atingir diversos órgãos e oscila entre fases de atividade e remissão (Sociedade Brasileira de Reumatologia, 2011). Os pacientes atendidos acometidos por essa doença encontravam-se em situação de crise, ou seja, na fase de atividade da doença, e os principais sintomas percebidos eram dor nas articulações, lesões na pele, alterações neuropsiquiátricas e inflamação nos rins. Um aspecto importante de ser enfatizado é que o lúpus acomete mais mulheres que homens, principalmente na faixa etária de 20 a 45 anos (Sociedade Brasileira de Reumatologia, 2011). Esse dado foi confirmado na prática da extensão, pois quatro dos cinco pacientes com lúpus eram mulheres.

Nesse segmento, a anemia também figurou com frequência entre os pacientes atendidos. Apesar de possuir várias causas, a anemia possui sintomas semelhantes, podendo ser leve ou grave. Para ser necessária a internação, a anemia em seu caráter mais grave foi a que mais prevaleceu, possuindo sintomas como fraqueza, cãibras, falta de ar e dor no peito (Braunstein, 2022).

Além do lúpus e da anemia, as patologias neurológicas também estão entre 11,4% dos pacientes atendidos. Dentre as doenças encontradas, destacam-se, inclusive, a presença de doenças que geram um alto nível de dor, como a neuralgia do trigêmeo, conhecida popularmente como a doença nervosa que promove "a pior dor no mundo". Somada a esta, o aneurisma, o tumor na região do cérebro e a distonia voluntária também apareceram entre os pacientes atendidos.

Por fim, a psoríase é caracterizada pelo aparecimento de lesões avermelhadas e escamosas, que acometem principalmente joelhos, cotovelos e couro cabeludo (Sociedade Brasileira de Reumatologia, 2012). Além desses sintomas mais gerais, a psoríase também pode agravar-se e atingir as articulações, causando dores contínuas e rigidez. Dos 35 pacientes atendidos pelo projeto, 4 deles possuíam psoríase, sendo apenas uma mulher.

Cabe salientar que como a maioria dos pacientes atendidos ainda não havia fechado o diagnóstico, e considerando que anemia, lesões na pele e alterações neurológicas também são sintomas de outras doenças, pode-se supor que o número de diagnósticos pudesse ser mais variado do que o computado no período da realização das visitas do projeto de extensão.

3.2 INSTRUMENTOS UTILIZADOS

A seguir, expõe-se acerca dos recursos usados na efetivação do projeto de extensão, bem como seus objetivos e suas análises. Ressalta-se, em tempo, que o uso dos instrumentos foi dividido conforme as visitas aos pacientes, de modo que na primeira visita aplicou-se a Anamnese Afetiva, o Inventário Existencial e a Ampulheta, feita com palavras chaves e desenhos a partir das respostas do Inventário. Caso o mesmo paciente estivesse presente na visita seguinte, fez-se uso da Régua do Sentido. Por fim, na terceira semana de encontro, utilizou-se a Bússola dos Valores. Tendo isso em vista, consideremos cada um deles.

3.2.1 Anamnese Afetiva

A Anamnese Afetiva foi um recurso desenvolvido pela psicóloga hospitalar Prof.ª. Dra. Sarah Xavier, com a finalidade de estabelecer um *rapport* com os pacientes, a partir de perguntas que fugissem dos protocolos médicos e alcançassem seus gostos e preferências pessoais. Dra. Sarah comentou, em uma das supervisões, que costumava colocar essa anamnese nos leitos dos pacientes, como forma de recordação e interação com a equipe de saúde, além de funcionar como instrumento de aproximação inicial às dimensões valorativas do paciente. Seguem as perguntas da Anamnese, na íntegra, tendo em vista que na extensão houve uma adaptação para abarcar, primeiramente, os dados sociodemográficos dos pacientes:

Nome:
Data de nascimento:
Estado civil:
Escolaridade:
Leito/enfermaria:
Data da internação:
Internações anteriores:
Acompanhante: ( ) Sim ( ) Não
Tipo de relação com acompanhante:
Hipótese diagnóstica/razão da intervenção:

Gosto de ser chamado:
O que mais gosto de fazer:
Meus amores:
Uma música/artista favorito:
Tenho fé em:
Um sonho/desejo:
O que essa doença quer me ensinar:

3.2.2 Inventário Existencial

O recurso do Inventário Existencial é aplicado posteriormente ao uso da Anamnese Afetiva. Esse é um instrumento presente na

Régua do Sentido (Aquino, 2018) e objetiva a identificação de sentidos transcendentes que possam ter efeitos terapêuticos.

Seu fundamento está, primeiramente, ancorado na perspectiva de que quanto mais o indivíduo tem consciência dos seus valores existenciais, mais protegido estará em sua dimensão psicofísica, isso porque o adoecimento psicofísico pode ser uma barreira desses valores. Em vista disso, o papel de quem aplica o Inventário Existencial é facilitar a percepção dos valores, proporcionando um encontro do sujeito com o sentido.

Em segundo lugar, tal recurso refere-se ao ser consciente e ser responsável da pessoa humana, para que o seu "pelo quê" e "perante quem" venha à tona e, assim, ajudar o paciente a realizar o seu dever ser. Dessa forma, frisa-se, aqui, que as perguntas do Inventário pedem respostas de associação livre, visando que elas possam fluir do inconsciente espiritual para a consciência psicológica.

Com isso, a avaliação desse recurso faz-se por meio das perspectivas de passado, presente e futuro. Para ilustrar essa divisão nas respostas, utilizou-se a Ampulheta, presente no Baralho dos Valores e Sentidos na Vida (Aquino; Simeão; Rodrigues, 2018), de modo que, ao final da visita, as ampulhetas eram elaboradas pelos extensionistas com as palavras chaves das respostas do Inventário e com desenhos ilustrativos para serem dadas aos pacientes como forma de recordação, segundo o procedimento a seguir:

Preencha as sentenças com a primeira ideia que lhe ocorrer em sua mente:

1. As minhas principais realizações foram:
2. Sinto-me insubstituível quando:
3. As tarefas que estão me esperando no futuro próximo são:
4. A vida está me exigindo que eu:
5. Quando eu concluir a minha história de vida espero não ter decepcionado:
6. Daqui a dez anos eu perceberei a minha situação atual como:
7. Estou me transformado em uma pessoa:

8. A minha situação atual pode ser uma oportunidade para:
9. O que eu mais gosto na vida é:
10. A pessoa por quem estou disposto a oferecer sacrifícios é:
11. Hoje, essa pessoa (referente aos itens 5 e 10) espera que eu:
12. A experiência mais fascinante da minha vida foi:

Enfatiza-se que ao longo da extensão a palavra "insubstituível" foi alterada pelo vocábulo "único(a)" na segunda pergunta, passando a ser "sinto-me único(a) quando". Isso se deve a dificuldade dos pacientes em interpretarem o primeiro termo. Outra alteração feita tange à sexta pergunta quando a feita a pacientes idosos, uma vez que foi observado que eles apresentavam dificuldade em imaginar-se em uma década no futuro. Dessa forma, reformulou-se para: "Quando eu concluir a minha história de vida, espero não ter decepcionado".

Ademais, ao final de cada Inventário as respostas dos pacientes foram transcritas para um desenho de uma ampulheta a qual representava a passagem do tempo. Os itens 1 e 12 referem-se aos valores e sentidos do passado; enquanto, os itens 2, 4, 7, 8, 9 e 11 aos valores e sentidos do presente; e, por fim, os itens 3, 5 e 6 dirigem-se ao futuro.

3.2.3 Régua do Sentido

Em continuação, na segunda intervenção empregou-se a Régua do Sentido (Aquino, 2018). Esse recurso, fundamentado nas bases antropológicas da Logoterapia e da Análise Existencial, objetiva ampliar a liberdade e despertar a responsabilidade do ser humano perante sua própria existência. Seu uso parte do diálogo entre terapeuta-paciente a fim de que este possa posicionar o instrumento conforme a área de liberdade que se identifica.

A Régua do Sentido é composta por um retângulo dividido em dois triângulos escalenos. Um dos triângulos, na cor cinza, representa a situação limite que não pode ser modificada, que, no foco da extensão, se refere à hospitalização e ao adoecimento. O outro, na cor branca, representa o campo da liberdade, tratando-se das possibilidades de vir-a-ser dos pacientes e de seu posicionar-se perante a circunstância somática.

Para fundamentar seu uso, torna-se imperativo recordar que Frankl (2011) percebe o ser humano como ser consciente e responsável. Nessa senda, apesar dos condicionantes da existência, o homem permanece livre perante as escolhas que respondam justamente àquilo que lhe restringe (Frankl, 2011). Assim, o indivíduo posiciona-se de acordo com seus valores e a partir de ações congruentes acerca do que lhe confere sentido. Esse instrumento proporciona um autodistanciamento necessário, a partir de uma aplicação da percepção da situação para considerar de forma objetiva a situação que imprime sofrimento (Aquino, 2018).

Dessa forma, a escolha por utilizar a Régua do Sentido, antes da Bússola dos Valores, deve-se ao fato de que o pilar da liberdade da vontade antecede a vontade de sentido. Isto é, primeiro o indivíduo deve reconhecer o seu campo de liberdade para, em seguida, reconhecer os sentidos e valores que estão brilhando no mundo, no porvir da existência.

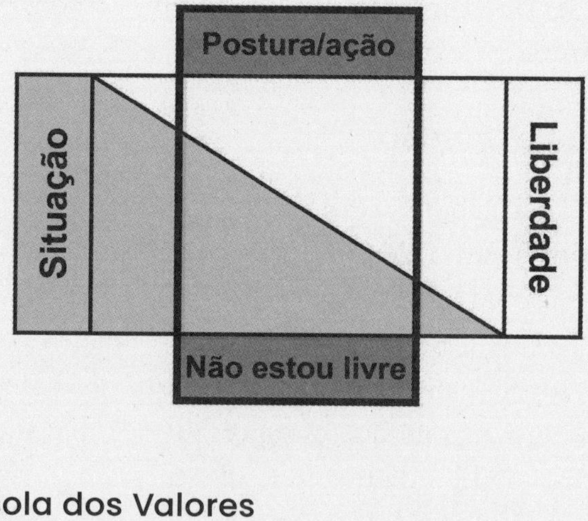

3.2.4 Bússola dos Valores

O recurso final utilizado foi a Bússola dos Valores, presente no livro de atividades psicoeducativas *Qual o Sentido?* (Aquino; Simeão; Rodrigues, 2017). A escolha desse recurso justifica-se pelo objetivo de fazer emergir à consciência dos pacientes a presença dos valores existenciais em suas histórias. Para tanto, estão presentes no instrumento os valores do criar (valor criativo), amar, contemplar (valor vivencial – vivencial algo ou alguém) e posicionar-se (valor atitudinal).

Nesse panorama, Frankl (2021) concebe a realização dos valores em três categorias, quais sejam: os valores criativos, mediante um fazer; os valores vivenciais, pelo experienciar algo do mundo; e, valores os atitudinais, perante a postura assumida diante de situações imutáveis. Em síntese, a "vida humana pode atingir a sua plenitude não apenas no criar e gozar, senão também no sofrimento" (Frankl, 2016, p. 192).

Com isso, uma vez que a consciência (órgão do sentido) tem a capacidade de intuir os valores existenciais, que devem ser descobertos e depois vividos (Xausa, 1988), a Bússola dos Valores configura-se como um instrumento que auxilia justamente nesse reconhecimento. Para isso, no percurso do projeto de extensão, traçava-se um diálogo sobre os valores do criar, amar, contemplar e posicionar-se, e como cada um deles manifestou-se mais evidentemente no passado do paciente (evocando memórias mais significativas), no seu presente (pensando no processo de hospitalização) e como eles esperam vivenciar esses valores no futuro. Por fim, pedia-se para que se posicionassem sobre qual valor estava evidente no momento.

3.3 METODOLOGIA "ESTUDO DE CASO"

Considerando-se o estudo de caso como uma metodologia de conhecimento do fenômeno pela exploração intensa de um caso individual (Ventura, 2007), mobilizou-se esse método para investigação de quatro vivências de pacientes envolvidos no projeto de extensão. O estudo de caso não deve ter um roteiro rígido, contudo, pode seguir alguns delineamentos, como a) delimitação da unidade-caso; b) coleta de dados; c) seleção, análise e interpretação dos dados; e, d) elaboração do relatório (Ventura, 2007).

No contexto da extensão, essas etapas foram pensadas da seguinte maneira: delimitaram-se alguns casos que mais ilustravam conceitos da teoria estudada, os dados foram coletados por meio da aplicação dos instrumentos e as vivências compreendidas à luz da Logoterapia e Análise Existencial. Ainda, utilizou-se pseudônimos para referir-se aos pacientes dos relatos de casos, a fim de preservar a privacidade e anonimato dos participantes. Também, efetuou-se uma postura fenomenológica, que visa apreender a experiência do sujeito tal como ele a vivência.

3.4 ANÁLISE DE DADOS

As análises dos dados foram realizadas por meio do auxílio do software *Interface de R pour les Analyses Multidimensionnelles de Textes et de Questionnaires* (IRAMUTEQ). O *software* selecionado tem como principal objetivo analisar a estrutura e a organização do discurso, possibilitando informar as relações entre os mundos lexicais que são mais frequentemente enunciados pelos participantes da pesquisa (Camargo; Justo, 2013).

Nesse sentido, foram realizadas: a) nuvem de palavras, a fim de agrupar as palavras e organizá-las graficamente em função da sua relevância, sendo as maiores aquelas que possuíam maior frequência e b) análise de similitude, que possibilita identificar as ocorrências entre as palavras e seu resultado traz indicações da conexidade entre as palavras. As interpretações ficaram sob a responsabilidade dos autores (Kami *et al.*, 2016).

4 RELATO DA EXPERIÊNCIA DA PRÁTICA DE ESPIRITUALIDADE E SAÚDE

Bárbara Dias Tenório
Daniela Matias Bonfim
Maria Eduarda Franco Chaves
Thiago Antônio Avellar de Aquino

4.1 ANÁLISE TEXTUAL DO INVENTÁRIO EXISTENCIAL

Inicialmente, com a finalidade de identificar os valores e sentidos que perpassam a existência dos pacientes, no contexto hospitalar, procedeu-se uma análise textual com o Inventário Existencial. Como demonstra a Figura 1, as palavras que mais emergiram por meio da associação livre foram: Filho (f = 40), melhor (f = 26), mãe (f = 25), estar (f = 22), família (f = 21), bom (f = 19), casa (f = 17), Deus (f = 14), cuidar (f = 12) e vida (f = 11).

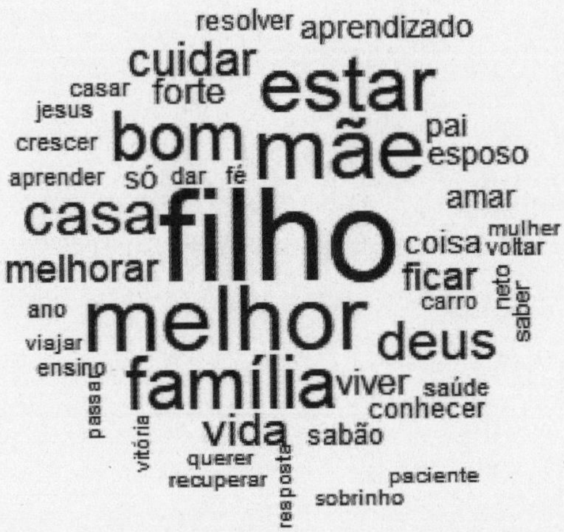

Figura 1 – Nuvem de palavras do Inventário Existencial

Nessa primeira análise constatou-se tão somente a frequência de vocábulos do *corpus*, em vista disso, para melhor explorar os materiais coletados, foi realizada uma análise de similitude. Por meio da análise, baseada na teoria dos grafos, é possível identificar as ocorrências textuais entre as palavras e as indicações da conexão entre elas, auxiliando na identificação da estrutura do conteúdo do corpus textual. Já, através da análise de similitude (Figura 2), ficou evidente a presença de um eixo central formado a partir da palavra Filho e cinco subeixos constituídos pelas seguintes palavras: Melhor, Estar, Família, Bom e Deus.

O Eixo central, a partir do qual outros eixos se derivam, foi constituído pela conexão das seguintes palavras: Cuidar, Vida, Casa. A palavra Filho também foi associada aos demais subeixos: Estar, que por sua vez se coligou com os léxicos: mãe, pai e amar; Melhor, que se atrelou com os termos: resposta, dar e aprender; Deus, referida com: conhecer, querer e recuperar; Família que se associou com: aprendizado, melhorar e viver; e, Bom, que arborizou com as palavras: ficar, esposo, casar.

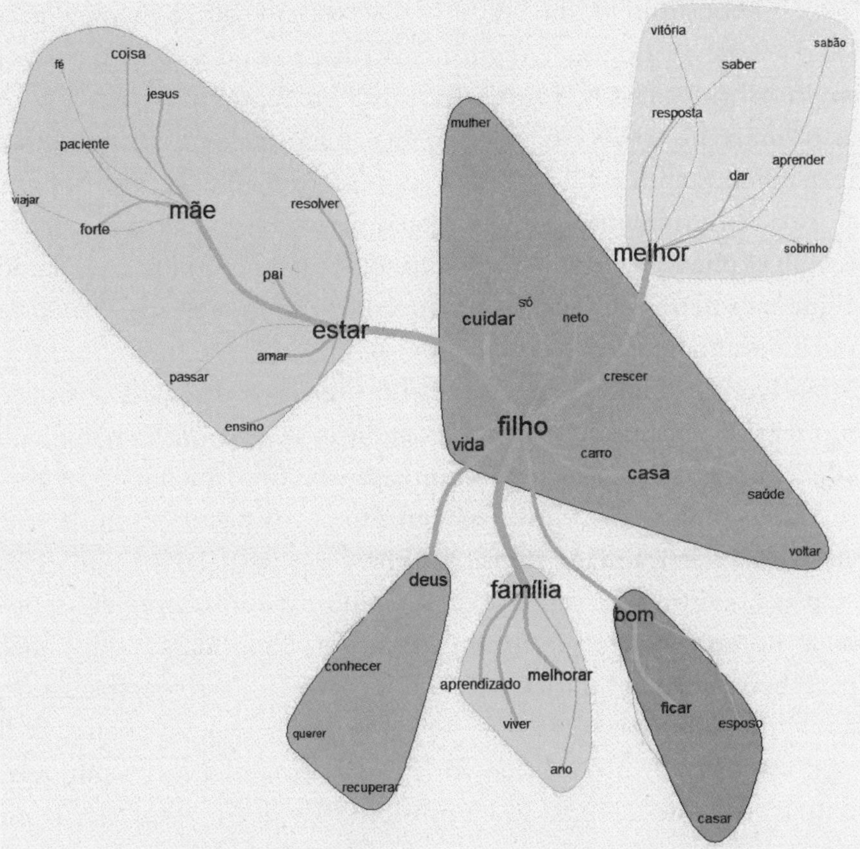

Figura 2 – Árvore de similitude do Inventário Existencial

O eixo central, que se constelam em torno da palavra "Filho", traz à consciência os motivos para estar no mundo, sobretudo quando se associa com a palavra cuidar. Um exemplo de segmento de texto foi: "conquistar coisas para meus **filhos"** (adulto). Indubitavelmente, a logoterapia ensina que o ser humano está no mundo para cuidar dos demais, em um movimento de autotranscendência. No contexto de adoecimento, esse valor pode emergir na consciência, constituindo-se como um motivo para recuperar a saúde e, assim, voltar para casa e para o trabalho.

O vocábulo "Filho" também esteve associado à palavra "melhor". Pode-se elencar a seguinte afirmação como exemplo: "Ser **melhor**" (idoso). Os termos "resposta" e "aprender" também se associaram neste núcleo, dessa forma, pode-se perceber que estão relacionados com o valor atitudinal, posto que se referem a um posicionamento perante um destino somático. Nessa esteira, Frankl (2022) explica que "chamamos destino justamente aquilo em relação a que não temos nenhuma influência, aquilo que escapa essencialmente do poder de nossa vontade" (p. 96).

Dessarte, é na luta espiritual do ser humano, que sofre por um sentido existencial para a sua condição de *homo patiens*, que essa condição o faz suportar o adoecimento somático e o seu respectivo sofrimento. Por meio do valor atitudinal, os pacientes poderiam alçar uma verticalidade interior, expressa pelas palavras: aprender, resposta e vitória. Uma paciente da clínica médica completou, por meio de associação livre ao item do inventário, "daqui a dez anos perceberei a situação atual como uma vitória". Demonstra, assim, que foi possível tornar consciente a possibilidade de um valor, qual seja, transformar um destino sofrido em uma realização humana, ou seja, uma demonstração da possibilidade de "(...). realização do sentido potencial do sofrimento" (Frankl, 2011, p. 147). O inventário existencial foi um catalisador da clarificação da potencialidade de um sentido apesar do sofrimento ou no próprio sofrimento quando esse é inevitável (Frankl, 2023).

Em continuidade, verificou-se que a palavra "Filho" também se associou com "família", nessa perspectiva, o passado também pode lançar luzes ao sofrimento do momento presente, conforme demonstrou esse paciente: "A experiência mais fascinante da minha vida foi ter construído minha **família**". O vocábulo "família" também apareceu como o parente, quem é o responsável, aferido por meio do item: "quando eu concluir minha história de vida espero não ter decepcionado...."

Ademais, a palavra "Filho" coligou-se com "Bom", evocando, em alguns casos, a consciência intuitiva. Constatou-se que, por meio do inventário existencial, um dos pacientes fez a seguinte assertiva valorativa: "meus filhos e minha mãe esperam que eu seja um bom homem daqui pra frente". Frankl (2022) concebeu que além de descobrir o *pelo quê* se sente responsável, o ser humano deveria ir mais além, ao analisar perante *quem* ser responsável.

Uma outra associação foi com a palavra Deus, o que remete diretamente a compreensão de Frankl (2022) acerca do suprassentido. Em suas palavras:

> Se um ser humano se decide pela convicção num sentido último, no suprassentido do ser, então essa convicção, como toda convicção, tem um efeito criativo. Pois a convicção não é só convicção em "sua" verdade – ela é mais, muito mais: ela torna verdadeiro aquilo em que acredita! (Frankl, 2022, p. 97).

No inventário existencial, a palavra "Deus" emergiu no item "sinto-me insubstituível quando estou só, mas na verdade nunca me sinto só, estou sempre com Deus". O termo "Deus" também foi utilizado na visada do futuro: "Deus proverá", todavia, além das tarefas do futuro, a sua ocorrência também foi observada no tempo presente, por meio do seguinte exemplo: "a minha situação atual pode ser uma oportunidade para aprender o que Deus quer e não o que eu quero". Para Frankl (2023) a religiosidade proporciona a sensação de proteção e o ancoramento na transcendência, decorrendo efeitos psico-higiênicos, por esse motivo seria necessário ativar a religiosidade do paciente no contexto de saúde e doença.

Por fim, o subeixo formado pela palavra "estar", esteve fortemente associado com os vocábulos "mãe", "pai" e "amar". Exemplos de segmentos de textos foram: "O que eu mais gosto na vida é **estar** com a família" e "O que eu mais gosto na vida é **estar** perto das pessoas que amo". Aqui, emerge a dimensão do *homo amans* no horizonte da vivência com um tu. Não apenas em situações limites, desvela-se o que é essencial em sua existência, bem como quem é único e insubstituível para o paciente.

As falas aqui elencadas sugerem a necessidade de um encontro inter-humano no ambiente hospitalar, o que corrobora com o pensamento de Frankl (2021b, p. 254), quando afirmou que "quem fala e age como *médecin technicien* só prova o fato de que vê no doente um *homme machine*. O *meducus humanus*, porém, se conscientiza do homo patiens, ele vê por detrás da doença o homem que sofre". Assim, por detrás do *homo patiens*, emergiu também a dimensão do *homo amans* e do *homo credens*, tornando-se consciente os motivos e razões, ou seja, um *para quê* recuperar a saúde.

Na cura médica de almas, o que mais importa é a atitude interior do paciente frente ao seu destino somático, cuidar e despertar a postura do paciente perante a sua doença seria uma regra de ouro, segundo postulou Frankl (2011). O que se segue são mais do que análises de casos, visto que, como diria Viktor Frankl, configuram um autêntico *document humain*.

4.2 ESTUDOS DE CASO

4.2.1 Caso Íris: abraçando o suprassentido

Uma das características do atendimento no HULW era o retorno de alguns pacientes depois de um tempo de alta. Um desses casos foi o da paciente Íris, de 37 anos, com quem foram realizados três encontros, possibilitando o uso de todos os instrumentos, sendo o último deles aplicado com um intervalo de dois meses.

A primeira visita ocorreu em novembro de 2023. Na anamnese afetiva, a participante respondeu que é solteira e costumava trabalhar junto à gerência de uma empresa, porém, teve que interromper seu trabalho em decorrência de sua doença. Ela é acometida pela doença do Crohn, que a limita em relação aos movimentos do corpo, causa dores articulares, a fez perder 12 kg e provocou sua internação pelo período de um mês. Trata-se, aqui, de seu destino somático, isto é, da circunstância não passível de alteração.

Íris cursava faculdade de Administração, todavia, relatou não gostar e disse ter interesse em estudar Psicologia ou Marketing.

Estava acompanhada pela mãe e apresentou boa comunicação e orientação no tempo e espaço. Ao ser questionada pela sua preferência musical, disse gostar de MPB, Caetano Veloso e músicas românticas no geral; gosta de futebol, sendo o Corinthians o time pelo qual ela torce. Seu hábito favorito é ler, estava inclusive com o livro "O poder da ação", de Paulo Vieira, no leito. É católica e se interessa por leituras de outras religiões, psicologia e crescimento humano, como os livros de Augusto Cury. Já aqui é possível perceber a manifestação de sua área de liberdade a partir dos seus gostos pessoais, contraposta à restrição no campo somático.

Sobre o que mais gosta de fazer, Íris respondeu que é estar em família e viajar, sendo o Rio de Janeiro o seu lugar favorito, onde morou por 5 anos e expressou ser um lugar com muita liberdade de sair. Nesse momento, conversei sobre uma recente experiência minha no Rio e trocamos boas risadas. A participante respondeu que seus amores são sua mãe, tios, irmãos e sobrinhos. Ao ser perguntada qual seu sonho ou desejo, fez uma pausa, e sua mãe respondeu por ela "ficar boa", ao que Íris concordou, além disso, afirmou que deseja se estabelecer profissionalmente e financeiramente.

Referente à pergunta "o que a doença quer lhe ensinar", comentou sobre a aceitar as consequências da doença, apontando que no início foi difícil, entretanto, expôs que sentiu Deus mostrando que iria passar por dificuldades, mas que encontraria forças as quais não sabia que existiam. Sobre esse aspecto, a logoterapia denomina de "força desafiadora do espírito humano", ou seja, uma força que emerge em situações limites.

Emocionada, Íris comentou, também, que já havia questionado Deus, contudo, entendeu que passar por essa doença seria uma superação. Ela relatou um sonho que teve e, a partir dele, percebeu que teria de ter muita sabedoria, pois seria um momento difícil, porém, de superação. Íris afirmou, ainda, ser uma oportunidade para ter empatia, mais paciência e compreensão, uma vez que "Deus não nos dá algo que não podemos carregar", e ainda, "Para Deus, nada é impossível", afirmou.

Sobre o inventário existencial, respondeu:

1. **Minhas principais realizações foram:** *crescimento (como ser humano)*
2. **Sinto-me insubstituível quando:** *estou com minha família*
3. **As tarefas que estão me esperando no futuro próximo são:** *aprendizado*
4. **A vida está exigindo que eu:** *seja forte*
5. **Quando eu concluir a minha história de vida espero não ter decepcionado:** *minha mãe*
6. **Daqui a dez anos eu perceberei a minha situação atual como:** *uma vitória*
7. **Estou me transformando numa pessoa:** *melhor*
8. **A minha situação atual pode ser uma oportunidade para:** *evoluir*
9. **O que eu mais gosto na vida é:** *viajar*
10. **A pessoa por quem estou disposta a oferecer sacrifícios é:** *minha mãe*
11. **Hoje, essa pessoa (itens 5 e 10) espera que eu:** *tenha mais fé*
12. **A experiência mais fascinante da minha vida foi:** *nascimento do sobrinho*

Na avaliação do inventário existencial, encontrou-se, no tempo passado, o nascimento do sobrinho e o crescimento pessoal. Na avaliação do tempo presente, aventou a família, ser forte, aperfeiçoamento pessoal e a fé. Já na avaliação do tempo futuro, atribuiu o aprendizado e a vitória. Sobre o *perante o quê* se sente responsável, verificou-se: sua família, ser forte e viajar. Por fim, o seu *perante quem* ser responsável, tem-se a sua mãe.

Em sua fala sobre os aprendizados com a doença, Íris apontava sempre para o futuro, "estou passando por isso agora para lá na frente tudo ter um sentido". Quando questionada sobre o sentido no presente, respondeu que "observar o lado do outro, ter mais paciência". Disse que costumava viver com tudo planejado, contudo, atualmente procurava viver o hoje, o presente; também afirmou ser fundamental aproveitar as pessoas quem gosta (valor vivencial).

É possível relacionar sua fala com a busca dinâmica do suprassentido expressa por meio de sua vontade de sentido último. Para Frankl (2020, p. 142) a busca pelo suprassentido refere-se a "suportar a incapacidade de captar em termos racionais o fato de que a vida tem um sentido incondicional". Ademais, é a dinâmica que, segundo o autor, excede e ultrapassa a capacidade intelectual finita do ser humano, mostrando que "o logos é maior que a lógica" (Frankl, 2020, p. 142).

Em outros termos, existe no ser humano a capacidade de confiar-se a um sentido não visto no presente, uma vez que esse sabe, não tanto pela razão ou lógica, que a vida sempre carrega um sentido. Íris expressou, em todas as visitas, falas que demonstraram como que um dia tudo o que ela vem passando terá um sentido, mostrando, assim, uma forte presença dessa dinâmica. Por fim, a ampulheta foi produzida e entregue à participante, que a recebeu com alegria. Tanto Íris quanto sua mãe agradeceram a visita.

Na semana seguinte, empreendeu-se a segunda visita a Íris, que relatou ter passado bem a última semana, na qual dormiu muito e costumava ler. Falou sobre o decurso de sua doença, mostrando domínio sobre seu prognóstico (dimensão somática). Apontou estar contente porque teria alta na próxima semana, ansiosa para ir para casa e rever sua família, que não podia visitá-la sempre, uma vez que são do interior, mas mantêm o contato por chamadas de vídeo. Respondeu que sua expectativa em chegar em casa era a de "não perder nenhum aniversário".

Esses aspectos atrelados às menções aos sobrinhos, irmãos e demais familiares, no primeiro encontro, conduzem à percepção dos valores vivenciais em relação à sua família, visto que, recebendo o amor e as experiências relacionais, Íris se motiva quanto ao seu agir, auxiliando também no enfrentamento da doença

A participante relatou, ainda, que havia criado uma família no hospital. Algumas vezes, na visita, apontou a força de superação de uma colega de enfermaria, de 35 anos, Rosa, porque nela vê "força de vontade e gratidão pela vida", Íris percebe que existem pessoas em situações piores que a sua e, por vezes, emocionava-se por elas. Já ao final, ainda sobre Rosa, disse que ela é "um amor" e que "às vezes a pessoa só precisa de atenção, de palavras, de escuta", relatou emocionada.

Por conseguinte, ao ser introduzido o tema da liberdade, Íris afirmou que se sentia muito livre, "posso ter minhas limitações, mas tenho planos, de trabalhar, viajar, vou superando". Acrescentou "Sei que vou chegar, não vou me isolar, quero fazer o que der pra ser feito". Frente a isso, foi-lhe apesentada a Régua do Sentido (Aquino, 2018) e Íris a utilizou de um modo particular, apontando três diferentes áreas.

Inicialmente, a colocou em maior área de liberdade, disse que representava a aceitação. Comentou que chegar a isso fora um processo lento, que olhar a situação de outras pessoas tinha ajudado: "Aceito melhor", disse. E apontou ter certeza de que terá uma resposta sobre o que está passando, mesmo existindo coisas que ela não entende, mas que serão mais bem compreendidas no futuro, o que revela, mais uma vez, a dinâmica do suprassentido.

Em seguida, Íris colocou a régua na área de menor liberdade, relatando que se sente presa em relação à possibilidade dos estudos acadêmicos, uma vez que fora obrigada a deixar o curso de Administração e gostaria de ingressar na graduação de Psicologia ou Marketing, circunstância ultrapassa suas possibilidades atuais, informou. Perguntou-se se iniciar leituras e estudos pessoais nesses campos de interesse não seria um modo de se aproximar desse desejo, ao que ela sorriu e afirmou ser verdade. A partir desse momento, foi possível perceber a ampliação de seu campo de liberdade.

Por fim, Íris posicionou a régua no meio, representando seu trabalho. Explicou que tem suas limitações nesse aspecto pela doença, entretanto, expressa muito desejo em voltar a trabalhar, e pretende fazer o que for possível para isso, como por exemplo, optar pelo trabalho remoto. Ao ser questionada sobre o sentido do trabalho, subitamente respondeu sobre a independência que o trabalho proporciona, ainda, apontou que gostaria de realizar algum trabalho voluntário.

Finalizou agradecendo a visita, manifestou que a sensação de liberdade em poder falar, proporcionou-lhe paz e a fez sentiu bem. Foi recomendado a leitura do livro *Em busca de sentido*, de Viktor Frankl, o qual a paciente imediatamente procurou on-line e baixou. Em tempo, foi exposto sobre algumas pessoas em redes sociais que mostram suas vidas com a doença de Crohn, a paciente afirmou já acompanhar. Por fim, foi dada a sugestão de escrever uma carta para a colega Rosa do leito vizinho, ideia a qual acatou com empolgação e foi entregue um desenho feito por nosso extensionista, representando Íris com seu sobrinho.

Dois meses depois, ocorreu o terceiro e último encontro com Íris, que havia retornado ao hospital depois da alta anteriormente recebida. O encontro aconteceu uma dia após a data de seu aniversário, no qual havia completado 38 anos. Íris partilhou como as limitações aumentaram desde o encontro anterior, contou ter suas esperanças voltadas à possibilidade de uma vacina e que estava lutando na justiça para recebê-la, uma vez que essa medicação não é administrada pelo SUS e suas doses possuem um valor excedente, além de que devem ser aplicadas com a frequência de dois meses.

Íris relatou sentir muita dor e a necessidade de fazer curativos a cada 72 horas. Comentou que estava escrevendo mais do que lendo e havia começado a leitura do livro *Em busca de sentido*, de Viktor Frankl, recomendado no encontro anterior. Ao perguntada pelos seus sobrinhos, respondeu que faz sempre chamadas de vídeo com eles.

Posteriormente, efetivou-se o uso do instrumento da Bússola dos Valores. Íris iniciou com o valor de contemplar, comentando sobre sua família e que sente falta da liberdade de viajar e, por isso, vem desfrutando menos da família: "Só queria estar com saúde, desfrutando disso". Comentou também que, apesar das comemorações de final de ano serem costumeiramente bem celebradas em casa, nesse ano, devido às limitações da doença, a luta pela vacina e o seu tratamento, acabou não comemorando, inclusive, seu aniversário.

Acerca do valor do amar, Íris aludiu à doação de sua mãe, no cuidado e no acompanhamento, sendo sempre a pessoa a quem ela se volta. A paciente acrescentou que toda a sua família tinha "parado a vida" por sua causa, neste momento, ela percebeu isso como um ato de amor de familiares e amigos. Disse, também, que havia entregado a carta para a colega de enfermaria, Rosa, como havia sido proposto na visita anterior e que tinha sido muito gratificante. É válido afirmar que foi este o valor mais presente naquele momento, segundo ela.

Concernente ao valor de se posicionar, Íris informou sentir que sua área de liberdade estava mais restrita comparada a quando fez o uso da Régua de Sentido. Isto se dá em decorrência do aumento de suas dores e curativos, porém, afirmou que tinha expectativa de liberdade. Íris continuava procurando fazer o possível dentro de suas limitações.

Relativo ao valor do criar, a paciente declarou que lembrou de uma sugestão feita por um dos extensionistas sobre criação de conteúdo em redes sociais, para compartilhamento sobre a doença Crohn, desmistificando crenças e motivando sua superação, e expressou que estava considerando a sugestão e tinha começado a escrever mais. Íris também deixou duas frases: "não perca a fé" – inclusive, comentou que estava orando todos os dias – e "não desistir". O encontrou foi concluído com uma despedida e a paciente e sua mãe agradeceram a visita.

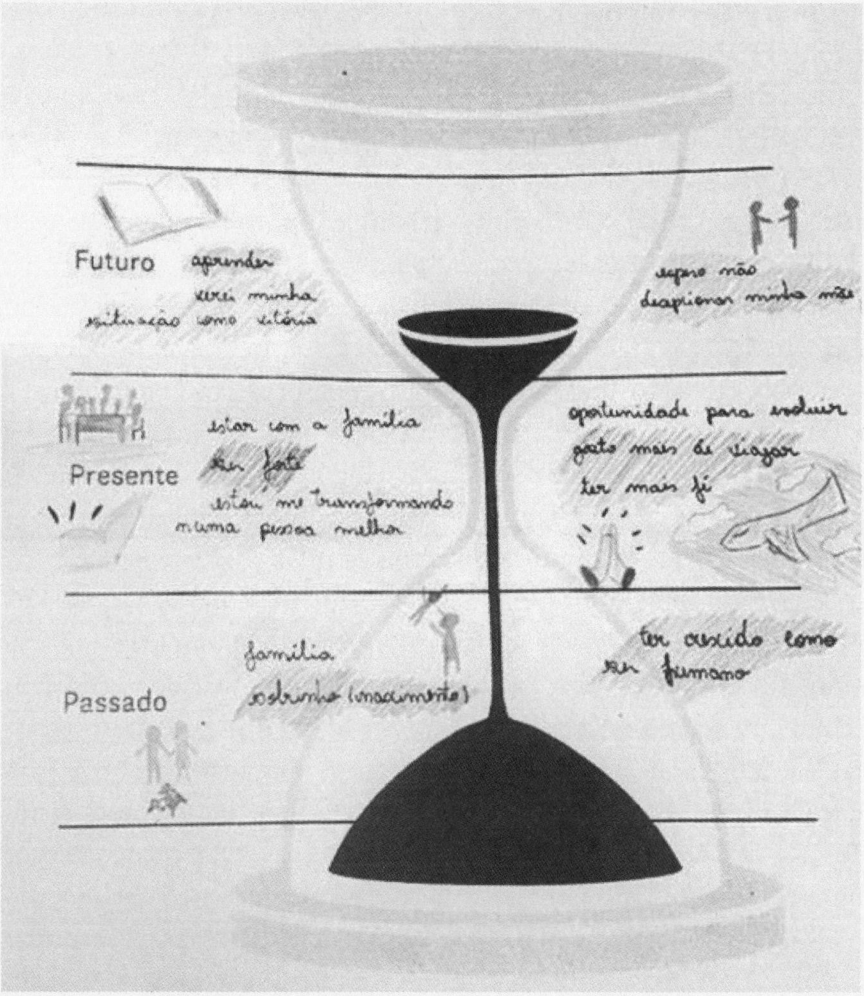

4.2.2 Caso Magnólia e o valor do amor na busca de sentido

Em março de 2024, foi realizada a visita à Magnólia, que, logo de início, acolheu os extensionistas com afeto e bom humor e os parabenizou pelo trabalho acadêmico realizado, comentando que gostaria de ter concluído seus estudos, visto que tinha o ensino fundamental incompleto. Magnólia tem 62 anos, é casada há 35 anos e tem uma filha de 43 anos, do seu primeiro casamento.

Encontrava-se internada há 3 dias, em decorrência de uma anemia e um derrame da visão.

No decurso do encontro, a conversa foi fluindo naturalmente e, durante a anamnese afetiva, Magnólia respondeu que seus artistas favoritos são Roberto Carlos e Reginaldo Rossi. Ao falar sobre seus amores, citou seu marido, sua filha, seus três cachorros, seus dois netos, seu pai e seu irmão, "o mundo que me ama, eu amo", completou. Respondeu que caça palavras é sua atividade favorita, mas que não tem feito no hospital devido ao prejuízo em sua visão. Relatou que trabalhou como lojista e que neste ano havia conseguido se aposentar.

Quando questionada sobre qual seu lugar favorito, ela respondeu que é sua cama, "com sexo, principalmente com carinho" e brincou que é "fogosa", comentando como isso é saudável e alertou que existem muitos homens bons, mas também aqueles que são "sacanas". A paciente comentou como em seu casamento "não tem briga, ou picuinha", que estava numa fase muito boa com seu marido, recebendo muito cuidado e amor, dando-lhe muita força, e que isso cresceu durante a doença, narrou que buscava estar sempre bem e positiva para que ele não se abalasse. "Sou zen, do amor, da paz", comentou. Aqui, destaca-se a realização do valor vivencial, em experienciar o amor no matrimônio, especialmente, na dificuldade de seu adoecimento.

Acerca de sua opção religiosa, Magnólia respondeu que é católica, costuma ir à missa e que tinha trazido seu terço consigo: "Meu caso é grave", disse, e "minha fé é grande". Partilhou, também, que já alcançou o seu sonho, pois há dois anos havia começado a construir sua casa e que estava já pronta, faltando só alguns móveis e eletrodomésticos, os quais estava comprando com o marido. Isso sempre foi um grande desejo seu, visto que morava na casa do pai. Comentou, entretanto, que não sabia se voltaria para sua casa, "se Deus quiser que eu vá para o Céu, eu vou também". Assim, a paciente não aparenta, por essa fala, uma indiferença à vida e sim uma profunda entrega, uma vez que demonstra encontrar seu lar em quaisquer circunstâncias que tiver de enfrentar.

Quando perguntada sobre o que essa doença a quer ensinar, respondeu, pensativa, "eu não fui tão má", "fui uma boa esposa, uma boa filha", "perdoei... amo a vida, as flores, os animais". Questionada se possuía um entendimento da doença como um castigo, como um tipo de "karma", já que ela demonstrou não entender por que estava doente, pois nunca tinha sido má, Magnólia afirmou que não, porém, voltava a esse discurso de que sempre fora uma boa pessoa.

Ainda sobre o aprendizado com a doença, a paciente mencionou sobre crescer como pessoa e disse "vivo de boa, vivo o agora". Disse também que: "estou de boa com a vida" e acrescentou "eu vou me estressar? Tenho que levantar meu astral." Expôs, mais uma vez, que seu marido tem sido um amor e acrescentou que espera um milagre. Brincou dizendo que se voltasse para casa não sabia se ainda iria fazer amor com marido, que tem 70 anos, dizendo que espera que sim, mas, estava tudo bem.

A partir das falas de Magnólia, verifica-se o valor atitudinal frente à situação que se encontrava, posto que não poderia mudá-la, assumindo uma postura de enfrentamento, pensando positivamente, entregando-se transcendentalmente ao futuro. Ao mesmo tempo que é fortalecida pelos vínculos relacionais com seu marido, segundo afirmou, o qual estava sendo um grande apoio, bem como de seus netos e cachorros.

Salienta-se que durante a anamnese, uma enfermeira precisou fazer um exame, colocando uma agulha na veia do braço da paciente, todavia, não obteve sucesso. "Tente o outro, minha filha, nesse já não tem mais nada", disse Magnólia com bom humor, revelando um autodistanciamento. Ainda com dificuldade, a enfermeira pediu a ajuda de uma colega que teve êxito e sai silenciosamente da enfermaria. Ao perceber que havia tinha conseguido realizar a coleta, a paciente a chamou e a agradeceu diversas vezes.

Magnólia também conversou sobre seu cachorro e disse acreditar que ele é a reencarnação de algum familiar, uma vez que percebe que ele a compreende e, para ilustrar, compartilhou um ocorrido. A paciente contou que antes de ir para o hospital, conversou com seu cachorro, dizendo que teria que passar alguns dias fora de casa para cuidar da saúde e afirmou que o animal piscou o olho e, desse modo, ela percebeu o entendimento do animal acerca da situação.

Sobre o inventário existencial, respondeu:

1. **Minhas principais realizações foram:** *Casa própria, aposentadoria e filha*
2. **Sinto-me insubstituível quando:** *Faço amor*
3. **As tarefas que estão me esperando no futuro próximo são:** *Cuidar da casa, ter saúde*
4. **A vida está exigindo que eu:** *Não soube*
5. **Quando eu concluir a minha história de vida espero não ter decepcionado:** *Pessoas que amo e que me amam*
6. **Daqui a dez anos eu perceberei a minha situação atual como:** *Vou estar velhinha*
7. **Estou me transformando numa pessoa:** *Maravilhosa já sou*
8. **A minha situação atual pode ser uma oportunidade para:** *sem resposta*
9. **O que eu mais gosto na vida é:** *Cachorros, família*
10. **A pessoa por quem estou disposta a oferecer sacrifícios é:** *Filha, marido*
11. **Hoje, essa pessoa (itens 5 e 10) espera que eu:** *Fique boa*
12. **A experiência mais fascinante da minha vida foi:** *Casa, aposentadoria, filha*

Em sentido amplo, a avaliação do inventário existencial permitiu identificar os valores e sentidos do passado, tais como: "casa", "aposentadoria e "filha. No tocante à avaliação do tempo presente, encontram-se "amor" e "ficar boa". E relativo à avaliação do tempo futuro, tem-se: "cuidar da casa". Dessa maneira, constatou-se que o seu *perante o que* se sentia responsável foi: "casa", "família" e "cachorros" e o seu *perante quem* se sentia responsável por "filhos" e "marido".

Durante a aplicação do inventário existencial, na quinta pergunta, "a vida está exigindo que eu..." Magnólia começou a chorar muito fortemente. Coincidentemente, a enfermeira estava aferindo a sua pressão e observou a elevação para 150x80mmHg, mais alto que o habitual. A paciente verbalizou que não sabia responder e que essa pergunta a tinha ferido muito, possivelmente, por ser uma questão central da sua luta espiritual.

Nesse contexto, esperou-se Magnólia estabilizar um pouco e a reflexão foi retomada, pontuando-se que suas falas anteriores mostravam como ela procurava corresponder bem e com leveza às circunstâncias da vida. Magnólia concordou e se acalmou, em seguida, foi perguntado se ela desejava continuar, ao que respondeu que sim e a aplicação do instrumento foi finalizada. A paciente agradeceu e, com carinho, incentivou aos extensionistas no caminho dos estudos e desejou felicidades.

Frente aos relatos anteriores da paciente, a reação de Magnólia a uma pergunta que demanda sobre as exigências da vida foi inesperada para os extensionistas. Logo ela que expressava tão bom humor, que tratou à equipe e às enfermeiras com carinho e respeito, demonstrando autenticidade em suas respostas e valores atitudinais tão fortes em relação à situação na qual se encontrava.

Esse acontecimento frisa, então, a importância de uma escuta fenomenológica que ponha entre parênteses pressupostos para acolher o fenômeno tal como ele se apresenta, uma vez que, logicamente, não seria uma resposta esperada, contudo, foi assim que Magnólia a vivenciou naquele momento e, nesse cenário, aos extensionistas restou o acolhimento, sem buscar suprir uma curiosidade que explique necessariamente o como ou o porquê da referida reação.

Isso não exclui, entretanto, um aparato teórico, entretanto, este não é definitivo ou conclusivo, inclusive pela falta de outras visitas nas quais tais aspectos viessem à tona. Com isso, presume-se que, naquele momento, houve uma tomada de consciência, talvez de um vazio existencial; possivelmente, de uma consciência do seu dever-ser, uma vez que na visita não se manifestaram outros aspectos que indicassem um vazio existencial.

Concernente à pergunta "o que a vida espera de mim", há uma retomada da expectativa de futuro, o que, ao mesmo tempo, conduz a uma despedida do passado, e, desse modo, é possível questionar o que esse aspecto desperta em Magnólia: se isto lhe causa uma ferida, diante do não saber, pode-se inferir uma tomada de consciência da paciente ao perceber que algo está sendo exigido e o seu choro é sinal de um compromisso, configurando uma responsabilidade diante da vida e o que ela lhe propõe. Nesse sentido, parece que a intervenção alcançou a luta espiritual da paciente, que não compreendia racionalmente o sentido do seu sofrimento, já que, na sua autocompreensão ontológica, fora uma pessoa boa.

Esse questionamento de o porquê um ser humano bom sofre decorre da teodiceia, entretanto, Frankl (2019; 2021) o responde a partir da patodiceia. A teodiceia indaga-se sobre os motivos pelos quais Deus permite a existência do sofrimento e do mal e, para Frankl (2019), ela fracassa não só em cair no erro do antropomorfismo – atribuir a Deus motivos humanos –, mas, sobretudo, em questionar algo cuja resposta não é por natureza totalmente apreendida pelo homem, visto ser de caráter transcendental, dado que "é preciso enfrentar a indemonstrabilidade do sentido transcendente" (Frankl, 2021, p. 146).

Frankl (2019) responde à teodiceia com o conceito de patodiceia, o qual, por sua vez, indaga acerca do sentido do sofrimento e afirma que não cabe perguntar, e sim responder à pergunta representada pelo sofrimento. E completa que o "porquê" do sofrimento advém de "como" ele é recebido, ou seja, do valor atitudinal. Isto é, ao sofrer, a atitude cabível do ser humano é a de Jó, que se curva diante do mistério (Frankl, 2021).

Dessa maneira, o questionamento acerca do sofrimento humano perpassa a humanidade em suas mais dolorosas experiências. Um retrato poético seria o poema abaixo de Leandro Gomes de Barros[2]:

---

2 O MAL e o sofrimento. Intérprete: Ariano Suassuna. [*S. l.*: *s. n.*], 2016. Disponível em: https://www.youtube.com/watch?v=AjatNeSyk6Y&t=8s. Acesso em: 16 jul. 2024.

Se eu conversasse com Deus
Iria lhe perguntar:
Por que é que sofremos tanto
Quando viemos pra cá?
Que dívida é essa
Que a gente tem que morrer pra pagar?

Perguntaria também
Como é que ele é feito
Que não dorme, que não come
E assim vive satisfeito.
Por que foi que ele não fez
A gente do mesmo jeito?

Por que existem uns felizes
E outros que sofrem tanto?
Nascemos do mesmo jeito,
Moramos no mesmo canto.
Quem foi temperar o choro
E acabou salgando o pranto?

Parece belo pensar que a patodiceia, de Frankl (2021), responde a esses questionamentos tão humanos, com o mistério do não-saber. Provavelmente, Frankl (2021), conversando com Deus, perguntá-lo-ia não o porquê sofremos tanto, mas como podemos vivenciar esse sofrimento de modo heroico, tal como Magnólia procurava fazer, "crescendo como pessoa e vivendo o agora".

4.2.3 Caso Roberto: bom humor como remédio

Apesar da alta rotatividade da Clínica Médica, alguns pacientes permaneciam internados por mais tempo que o comum, devido à complexidade de sua doença e do tratamento. Um desses casos foi o de Roberto, paciente com o qual foram realizados cinco encontros. Roberto possuía 35 anos e, antes de ser internado no HULW, trabalhava como vendedor de produtos de limpeza em domicílio. O motivo que o levou ao hospital foi um tumor na região lateral da cabeça, que lhe causava muitas dores, sendo necessária a utilização de morfina para o seu alívio. Ademais, apresentava um problema com a articulação da boca, que o impedia de comunicar-se com clareza, dificultando a compreensão de algumas de suas falas.

Isto posto, desde a primeira intervenção, Roberto demonstrou leveza em seu trato com os extensionistas. Inicialmente, demonstrava uma expressão de dor – o olho direito e a região direita da boca estavam mais fechados que o lado esquerdo do rosto –, contudo, revelou-se disposto a conversar e a responder às perguntas propostas. No decorrer da primeira intervenção, a visita foi tornando-se mais descontraída, permanecendo assim até o término e, durante a anamnese afetiva, instrumento utilizado para conhecer melhor o paciente e promover *rapport*, suas respostas giraram em torno de sua família e de seu trabalho, enfatizando, principalmente, a falta que ambos provocavam em sua vida, atualmente. Entretanto, em sua fala estava sempre presente a esperança de retornar à sua vida fora do hospital, em breve.

Em relação aos seus interesses pessoais, Roberto mencionou gostar bastante de jogar e assistir futebol, dando ênfase ao seu time de coração. Nesse contexto, um dos extensionistas mencionou torcer pelo time popularmente tido como rival, situação na qual sobressaiu-se o humor de Roberto e o tom descontraído daquele encontro. Com isso, foi possível verificar, no paciente, a presença do autodistanciamento, visto que, apesar das dores, ele pôde distanciar-se e utilizar do humor para olhar com mais clareza sua realidade e perceber a postura que deveria assumir em cada circunstância (Frankl, 2020). A positividade, portanto, revelou-se um fator latente, necessitando de pouco para ser averiguado pelos extensionistas, pois o próprio Roberto a possuía quase como sua filosofia de vida.

Em paralelo ao autodistanciamento, verificou-se a presença da autotranscendência, isto é, o movimento de sair de si para realizar-se no outro. Desde o início, Roberto demonstrou seu esforço por manter-se atento e disposto a conversar com os extensionistas, mesmo estando com dores, na condição de *homo patiens*, ou seja, era evidente sua preocupação em garantir que os extensionistas tivessem uma boa experiência. Esse movimento também esteve presente em seu contato com outros pacientes da Clínica Médica.

Em visitas posteriores, Roberto contou sobre uma paciente mais jovem que estava tendo dificuldades para adaptar-se à rotina do hospital e aderir ao tratamento. Diante disso, Roberto se dispôs a conversar com ela, com o objetivo de transmitir confiança e narrar histórias de superações que ele mesmo havia vivenciado. O objetivo da conversa foi cumprido e, como forma de agradecimento, a jovem paciente entregou-lhe um desenho feito por ela e dedicado a ele. Com muita alegria, Roberto mostrou o desenho aos extensionistas, ratificando o seu comprometimento em conduzir a situação de internação hospitalar com coragem.

Em seu inventário existencial, Roberto respondeu o seguinte:

1. **As minhas principais realizações foram:** *comprar carro e trabalhar para mim*;
2. **Sinto-me insubstituível quando:** *em casa, sozinho e com clientes que conhecem (sua história)*;
3. **As tarefas que estão me esperando no futuro próximo são:** *dar uma vida melhor para meu filho*;
4. **A vida está me exigindo que eu:** *cuide mais de mim, busque mais a Deus*;
5. **Quando eu concluir a minha história de vida espero não ter decepcionado:** *mãe e pai*;
6. **Daqui a dez anos eu perceberei a minha situação atual como:** *esquecer*;
7. **Estou me transformando em uma pessoa:** *mais madura, pensativa*;
8. **A minha situação atual pode ser uma oportunidade para:** *crescer na vida*;
9. **O que eu mais gosto na vida é:** *jogar bola*;
10. **A pessoa por quem estou disposto a oferecer sacrifícios é:** *mãe, filho, pai, C. (namorada)*;

11. **Hoje, essa pessoa (referente aos itens 5 e 10) espera que eu:** *esteja lá (mãe)*;
12. **A experiência mais fascinante da minha vida foi:** *reconhecer os amigos de verdade.*

Perante as suas respostas e a positividade expressa frente à doença, a resposta de Roberto ao item "daqui a dez anos eu perceberei a minha situação atual como" foi interpretada com surpresa. Após a finalização da aplicação do questionário, pedimos ao paciente que esclarecesse sua resposta e ele explicou que gostaria de passar o mais rápido possível por aquela situação e recuperar-se logo. Nesse momento, foi reforçada a percepção da forma heroica com a qual o paciente atravessava a internação e resgatou-se a sua resposta ao item 7, na qual posicionava a sua situação atual como um ponto de amadurecimento.

A partir da avaliação do Inventário Existencial, pode-se tecer algumas inferências acerca da temporalidade noética de Roberto. Com relação aos valores e sentidos do passado, constataram-se: "amigos", "trabalho" e "compra de um bem material" (carro). Já no tocante aos sentidos do presente, elenca-se: "autocuidado", "busca de Deus" e "crescimento pessoal", por fim, na avaliação do tempo futuro, encontrou-se: "dar uma vida melhor para o filho". Dessa maneira, em sentido amplo, pôde-se aferir, por meio do inventário de Roberto, que o seu *perante o quê* se sentia responsável foram: seu "filho" e seus "clientes". Ademais, o *perante quem* se sente responsável foi constituído por: "mãe", "pai", "filho" e "sua namorada". Concernente à aplicação da Régua do Sentido, Roberto a posicionou no eixo de maior liberdade, justificando que, mesmo estando internado e sentindo muitas dores, conseguia identificar sentido na situação em que se encontrava e perceber possuir bastante liberdade.

Na terceira visita, Roberto estava recuperando-se de uma cirurgia que havia realizado, referente ao seu problema com a abertura da boca. Apesar de alguns contratempos, a cirurgia havia sido bem-sucedida, porém, ele ainda não conseguia comunicar-se com os extensionistas. Na semana seguinte, o quarto encontro, Roberto ainda estava em recuperação da cirurgia, todavia, encontrava-se disposto, com bom-humor e apto a falar, em vista de sua situação, foi aplicada a Bússola dos Valores.

À continuidade, Roberto identificou o valor "contemplar" em seu passado, fazendo referência a um episódio de sua vida no qual recebeu ajuda de um mecânico no "momento em que mais precisava", visto que estava com um problema em seu carro e não tinha condições financeiras para consertá-lo naquela conjuntura. Durante esta intervenção, o paciente identificou o valor "amar", pois havia recebido um desenho de uma outra paciente, com quem havia construído uma relação de amizade (conforme citado anteriormente). Já, relativo ao futuro, o valor apontado "amar" também foi escolhido, porque amava o seu trabalho e gostaria de voltar a realizá-lo o quanto antes.

É relevante frisar que várias das respostas fornecidas por Roberto eram exemplificadas com histórias de sua própria vida, das quais ele conseguia tirar lições e identificar sentidos. Ao discorrer sobre o valor "contemplar", destacou a importância de perceber a generosidade de outras pessoas em sua trajetória e como aquilo havia sido importante. Outrossim, o valor do "amar" não só esteve presente na sua fala, em relação à Bússola, como também em seus relatos anteriores, nos quais o paciente, frequentemente, ressaltou a sua satisfação em sentir-se querido pelas pessoas por onde quer que passasse e que, principalmente no HULW, percebia-se muito bem acolhido pela equipe médica e pelos pacientes, dado que dizia: "todo mundo gosta de mim".

O último encontro entre os extensionistas e Roberto foi um pouco diferente dos momentos anteriores outros dias, pois, dessa vez, Roberto encontrava-se sentado no corredor do Hospital, um pouco cabisbaixo e queixoso das dores. Devido ao seu estado, desculpou-se por não estar em condições físicas de receber a equipe do projeto da mesma forma de antes, uma vez que havia ocorrido um atraso na administração do seu medicamento para dores, fazendo com que estivesse sentindo mais incômodos que o normal. Nesse panorama, tendo em vista dessa condição de sua dimensão somática, os extensionistas buscaram proporcionar palavras de apoio, de maneira breve. Na semana seguinte, Roberto não estava mais relacionado na lista de pacientes da Clínica Médica, tendo recebido alta.

4.2.4 Caso Helena: coração de mãe

Consoante ao já explicitado anteriormente, a maioria dos pacientes atendidos tiveram apenas um encontro com os extensionistas, posto que muitos recebiam alta na semana posterior ao encontro, já que existe uma a alta rotatividade da Clínica Médica. Considerado esse cenário, o intuito do projeto foi o de buscar cumprir o objetivo de cada intervenção em apenas um encontro, e um desses casos foi o de Helena, paciente de 42 anos, acometida por lúpus.

No momento da chegada dos extensionistas, Helena estava em uma ligação ao celular, todavia, assim que viu a equipe, prontamente finalizou a chamada e os atendeu. Ela, que se encontrava deitada, ajustou sua postura e ficou em uma posição confortável, que permitisse ver todos os integrantes do projeto. Na Anamnese Afetiva, revelou ter quatro filhos: sendo dois menores de idade e os outros dois que já não residiam com ela. Seu discurso, durante toda a intervenção, atravessou, principalmente, sua relação com os filhos e as preocupações e angústias em torno deles, pois, segundo ela, eram seus amores.

No tocante às demais perguntas da Anamnese, acerca de seus interesses pessoais, Helena relatou que trabalhar era o que mais gostava de fazer, em especial no serviço gráfico, porém, atualmente encontra-se desempregada. Quando perguntada sobre o seu artista favorito, respondeu gostar bastante de Zeca Pagodinho. Tem sua casa como seu lugar favorito e o seu maior sonho é ter uma moradia própria; afirmou ter fé em Deus e ser cristã. Ao ser questionada sobre o que a doença a queria ensinar, Helena respondeu que seria ter sabedoria, não ser egoísta e ter consciência de que quem "manda" é a doença – no sentido de que não poderia a ignorar ao longo de sua vida.

Nessa ocasião, Helena revelou um pouco de sua história com o diagnóstico de lúpus e como lidava com o tratamento. Informou que, apesar de ter aderido ao tratamento, em um primeiro momento, passou a não tomar os remédios, já que, conforme expôs: "queria morrer". Entretanto, com a crise mais recente, que a levou ao hospital, percebeu que a sua vida impactava outras vidas e que, se morresse, muitos sentiriam sua falta. Helena manifestou ter chegado a essa consciência a partir das inúmeras ligações de familiares e amigos preocupados com a sua saúde, que a estimulavam a se cuidar melhor. Em vista disso, a paciente demonstrou arrependimento por ter abandonado o procedimento e ratificou que iria aderir mais fielmente ao tratamento, bem como cuidar melhor de sua saúde.

Tendo em vista a receptividade de Helena para conversar e revelar aspectos de sua vida, a equipe dialogou um pouco, à luz da Logoterapia, sobre os fatores de aprendizado no sofrimento. A esse respeito, Frankl (2019, p. 301) esclarece que "se suporto um sofrimento, se o absorvo, então cresço, adquiro mais força moral; ocorre um processo metabólico, e o metabolismo consiste na transformação de matéria-prima em força". Depreende-se que essa realidade se manifesta, no caso em análise, a partir do momento em que a paciente relata que o adoecimento a fez tomar consciência de aspectos de sua própria vida que antes estavam nublados, assim como a fez mobilizar-se para realizar aquilo que percebia como mais urgente.

Tal realidade foi mais claramente demonstrada em suas respostas ao inventário existencial, ao qual, durante sua aplicação, Helena manteve-se bem-disposta e atenta às perguntas, respondendo-as rapidamente, com poucas pausas.

1. **Minhas principais realizações foram:** *terminar meu curso de enfermagem*;
2. **Sinto-me insubstituível quando:** *nunca*;

3. **As tarefas que estão me esperando no futuro próximo são:** *"tudo", mas principalmente cuidar da casa*;
4. **A vida está exigindo que eu:** *sabedoria*;
5. **Quando eu concluir a minha história de vida espero não ter decepcionado:** *minha família*;
6. **Daqui a dez anos eu perceberei a minha situação atual como:** *ensinamento*;
7. **Estou me transformando numa pessoa:** *melhor, mais maleável*;
8. **A minha situação atual pode ser uma oportunidade para:** *melhoria de vida*;
9. **O que eu mais gosto na vida é:** *viver*;
10. **A pessoa por quem estou disposta a oferecer sacrifícios é:** *meus filhos*;
11. **Hoje, essa pessoa (itens 5 e 10) espera que eu:** *criando juízo*;
12. **A experiência mais fascinante da minha vida foi:** *parir.*

Perante as respostas de Helena, observa-se que a maioria está voltada à família, especialmente aos seus filhos. Sobre os valores e os sentidos do passado, a paciente apontou para suas conquistas pessoais – o estudo e o nascimento de seus filhos. No presente, apareceram principalmente a sua visão em relação a sua situação atual (a internação) e o que aquilo estava repercutindo em sua vivência. Em tempo, revelou estar passando por uma mudança pessoal, tornando-se mais maleável no trato com os seus filhos, "criando juízo" e buscando cultivar a sabedoria. No futuro, sua preocupação com a família reaparece a partir da importância que atribui ao cuidado da casa e aos problemas enfrentados pelos filhos, os quais ela entende precisar resolvê-los assim que tiver alta.

Em relação ao item 2 – "sinto-me insubstituível quando" –, Helena declarou, de maneira surpreendente na visão dos extensionistas, posto que sua afirmação se opunha àquilo que havia concluído na reflexão anterior. Nesse momento, Helena emocionou-se e comentou, novamente, sobre o momento em que decidiu romper com o tratamento do Lúpus e como aquela situação a sensibilizava, além de citar a sua constante preocupação com os seus filhos. Com isso, percebeu-se, portanto, a relevância da internação para a paciente, uma vez que parecia ser, de fato, um momento de mudança pessoal e o encontro com sentidos que antes estavam fora de seu campo de consciência. Ou seja, a absorção do sofrimento permitiu a Helena certo crescimento pessoal, em relação ao trato com seus filhos, e moral, no tocante à valorização de sua própria vida (Frankl, 2019).

Diante disso, os extensionistas buscaram lançar luz às reflexões realizadas anteriormente, principalmente em relação à importância que Helena tinha na vida de cada um de seus filhos, aspectos que haviam sido citados longamente durante a anamnese. Portanto, foram utilizados relatos da paciente, os quais possibilitaram a conclusão de que Helena era insubstituível na vida de cada um de seus filhos, assim como o fato deles também estarem preocupados com a mãe configurava mais um dos aspectos que demonstrava isso. Falas como "meu filho pequeno só se acalma comigo" e "minha filha liga para mim para pedir orientação", expressas pela paciente, foram trazidas à tona pelos extensionistas.

Outrossim, Helena reforçou o impacto da doença e da internação na mudança de aspectos de seu comportamento, principalmente em relação ao cuidado com seus filhos. A paciente comentou que, anteriormente, costumava ser mais rigorosa e bruta com os seus filhos, mas que atualmente percebe uma mudança em si, que a tornou mais prudente e compreensiva com aquilo que cada filho exige.

Por conseguinte, a partir das respostas do inventário, a ampulheta foi elaborada:

Palavras utilizadas na ampulheta

Passado: enfermagem, dar à luz;

Presente: filhos, sabedoria, me transformando em uma pessoa melhor, viver, criar juízo;

Futuro: cuidar da casa, família, ensinamento;

Como citado anteriormente, "filhos" e "família" apareceram nas respostas de Helena no presente, passado e futuro. Desse maneira, depreende-se o movimento da autotranscendência, visto que o verdadeiro sentido da vida deve ser descoberto no mundo e não dentro da pessoa humana, ou de sua psique (Frankl, 2020). Em decorrência, averígua-se, pelas palavras de Helena, a sua preocupação em estar presente e bem para os seus filhos, sendo essa postura própria do movimento da autotranscendência.

Ao fim da intervenção, na devolução da ampulheta, os extensionistas encontraram Helena conversando com um dos médicos, que a estava informando que sua alta havia sido adiada por mais alguns dias. Apesar da má notícia, Helena[3] pareceu conformada e agradeceu aos extensionistas pela conversa e pela ampulheta.

4.2.5 Dinâmica grupal e caso Sibila: "A vida comparada a um mosaico".

Desde a concepção do projeto de extensão, a prática grupal esteve compreendida enquanto possibilidade de experiência. Entretanto, foi apenas após meses de atividades nos leitos das enfermarias que tal possibilidade se concretizou. No transcorrer das reuniões semanais, a ideia, ainda incipiente, foi desenvolvida e encontrava-se maturada pela prática e pela vivência da rotina hospitalar.

Dito de outro modo, para dar início às tarefas grupais foi necessário pensar o contexto de saúde no qual a extensão estava

---

[3] Nota: o nome Helena foi escolhido para paciente em referência à personagem Helena Pêra, a Mulher Elástica, do filme "Os Incríveis". A escolha foi motivada pelas semelhanças na personalidade das duas, sendo ambas mães e que estavam constantemente preocupadas com cada um dos filhos. A mulher elástica, no filme, utiliza seus poderes para auxiliar os filhos, por mais distantes que estejam dela. Tal realidade, de certa forma, é também presente na vida da paciente, cuja maior preocupação era estar presente e atenta ao bem-estar de seus filhos.

inserida, bem como no perfil dos pacientes atendidos. Aspectos como a idade, o nível de escolaridade, o tempo médio para receber alta, o horário de visitas, a natureza da patologia e suas consequências funcionais foram considerados, no intuito de abarcar o público em sua totalidade, adequando-se à realidade que se apresentava. Ademais, foram considerados aspectos como o local, o horário e a frequência das reuniões grupais e a metodologia que seria utilizada.

No processo de construção dessa nova modalidade de atividade no hospital, acordou-se que os encontros aconteceriam mensalmente, com o intuito de haver tempo para o planejamento da dinâmica grupal, ocorrendo na enfermaria, ou em sala localizada no andar da clínica médica, com cerca de duas horas de duração. A arte seria utilizada como mediadora das reflexões acerca do sentido na vida, havendo como outras possibilidades a pintura, trechos de filmes, vídeos, músicas, colagens, sempre com uma temática afirmativa da vida.

Nessa conformidade, cada intervenção grupal seria considerada única, com início, meio e fim, ocorrendo a entrada dos participantes por demanda espontânea, ou seja, conforme a necessidade, em decorrência da alta rotatividade de pacientes na clínica. Tão logo, manteve-se a proposta inicial do projeto, utilizando-se de estratégias artísticas para dar expressividade à dimensão noética do ser humano. Para tanto, recorreu-se aos ensinamentos de uma das principais discípulas de Viktor Frankl, Elisabeth Lukas, para efetivar-se a dinâmica grupal. Em seu livro *Histórias que curam* (2005), no capítulo "A vida comparada a um mosaico", Lukas (2005) desenvolve uma metáfora relacionando as nuances da vida com as diferentes peças de um mosaico.

Não por acaso, Lukas (2005) faz a opção pelo uso da figura do mosaico em sua comparação, visto que Frankl (2019) costumava utilizar o mesmo tipo de imagem para fazer a distinção entre os conceitos de comunidade e massa. Ambas as concepções são pertinentes para nortear a prática grupal à luz da logoterapia e análise existencial, dado que, por um lado, ao se considerar a possibilidade de composição de um grupo, deve-se primar pela noção de comunidade e, por outro lado, distanciar-se do conceito de massa. Em outras palavras, faz-se necessário guiar pela ideia emanada por meio da imagem do mosaico, o qual encontra o sentido de seus fragmentos, insubstituíveis, ao contemplá-los em sua completude. Isso porque o sentido da individualidade só é atingido de maneira plena quando orientado para a comunidade, assim como, só se alcança o sentido da comunidade na compreensão do caráter de algo único de cada indivíduo (Frankl, 2019).

Na descrição de sua proposta, Lukas (2005) tece uma reflexão sobre as cores e os formatos das peças do mosaico, visto que algumas podem ser claras e brilhantes, por representarem os pontos luminosos da vida, e outras podem ser escuras e sombrias, simbolizando os pontos de dificuldade. Algumas dessas peças, inclusive, não são postas pelo indivíduo, e sim são lançadas pelo destino e não podem ser deslocadas, indicando os sofrimentos inevitáveis ou as alegrias do acaso. A depender de cada pessoa, há sempre espaços entre essas peças lançadas pelo destino, possíveis de serem preenchidos por peças das mais diversas cores, representando escolhas e decisões livres e pessoais.

Lukas (2005) salienta, ainda, a necessidade de cautela em relação aos casos de pacientes que podem ter uma visão tendenciosa ao negativo, isto é, ressaltando apenas as peças escuras de seu mosaico. Outra situação que pode acontecer é a do paciente focar apenas nas peças que foram postas pelo destino, rejeitando as suas possibilidades de escolha livre. Nesses casos, o logoterapeuta possui a missão de aumentar o campo perceptivo do paciente, orientando-o para os momentos claros da vida, sem, entretanto, desconsiderar o sentido que pode ser encontrado nos momentos de dificuldade.

Nessa perspectiva, Lukas (2005) explicita que os momentos sombrios são importantes porque é através de seu contraste com as peças mais claras que estas ganham destaque e são mais bem percebidas. Da mesma forma, quando há a percepção do sentido é porque em algum outro momento foram enfrentadas dificuldades que promoveram o amadurecimento do indivíduo, visto que "a logoterapia orienta-se pelos momentos claros da vida, porém, ela pressente o sentido dos momentos sombrios" (Lukas, 2005, p. 44).

O objetivo da dinâmica grupal, formulada a partir da metáfora exposta no supracitado capítulo, consiste na possibilidade de o paciente ter um panorama geral de sua vida e obter mais clareza sobre a sua própria existência. Nos termos de Lukas (2005), tem-se que:

> Uma bela metáfora compara a vida humana à imagem de um mosaico, composto de um grande número de pedrinhas com as mais diferentes cores e nuances. Entre elas existem pedras maiores e menores, claras e brilhantes ou de cores cristalinas, que representam os pontos luminosos de nossa vida, e outras assustadoramente sombrias e negras, que simbolizam os reveses e o sofrimento. No fim da nossa vida, o mosaico se completa numa perfeita imagem de formas e de cores, cuja unidade e unicidade refletem nossa inconfundível existência. Cada pessoa tem uma imagem diferente, e sua maneira de ser é irrepetível. Algumas pedras, claras ou escuras, estão, por assim dizer, "lançadas no mosaico" pelo destino e permanecem sobre uma base colante, sem poder ser deslocadas. São aquelas condições que fogem à nossa intervenção, como nossa carga genética, que não podemos escolher, ou a casa paterna, a época e a cultura em que nascemos. Vez por outra uma pedrinha escura estoura "à nossa frente"; acontece algo de terrível e de incompreensível, e não temos como defender-nos. E caem também sobre a imagem algumas pedras luminosas, graciosos acasos, que acontecem sem qualquer intervenção nossa, embora naturalmente as acolhamos com alegria.
>
> Entre essas pedras colocadas pelo destino, permanecem, no entanto, espaços maiores ou menores, nos quais ainda não se encontra nenhuma pedrinha e que podem ser preenchidos com decisões e contribuições de nossa escolha livre e pessoal. Pois em torno do mosaico encontram-se por toda a parte pedras soltas, que podemos livremente escolher: claras,

> escuras, de cores variadas..., que simbolizam as inúmeras possibilidades que nos são dadas em quase todas as situações. Essas pedrinhas, que podemos colocar com nossas próprias forças e de acordo com nosso próprio arbítrio, contribuem para conferir ao mosaico sua forma definitiva.

Dessa maneira, presumindo o contexto hospitalar, e para facilitar a compreensão dos pacientes, foram realizadas adaptações do trecho de Lukas (2005), tornando-o mais direto e propositivo, todavia, sem sacrificar a essência da metáfora.

Em continuidade, para a realização da dinâmica grupal, os participantes foram convidados diretamente em seus leitos, de modo que foram procurados pacientes da Clínica Médica interessados e cujas condições possibilitassem a locomoção. Os convites também se estenderam aos pacientes da ala cirúrgica, o que resultou na participação de quatro pacientes no projeto de extensão. Reunidos em uma sala, situada no andar da Clínica Médica, propôs-se, inicialmente, que cada um dos quatro participantes se apresentasse, a fim de criar um ambiente de acolhimento e empatia.

Posteriormente, foi apresentada a adaptação da metáfora elaborada por Lukas (2005). Com base no texto, explicou-se a proposta de dinâmica a ser realizada e foram disponibilizados materiais para a confecção das artes, composto por lápis grafite, lápis coloridos, papéis e lâminas de papel coloridas, cola e tesoura. Adicionalmente, foram utilizadas músicas populares de fundo, a fim de promover uma atmosfera mais reflexiva e acolhedora. No ínterim da confecção dos mosaicos, os extensionistas promoveram questionamentos e interações com os pacientes, além de os auxiliar caso apresentassem dificuldades. Concluída a produção das obras, foi pedido aos pacientes que, espontaneamente, partilhassem sobre as obras e sobre a vivência da experiência.

Por conseguinte, a paciente Margarida relatou que seu mosaico representava aquilo que estava passando no momento. Em sua fala, trouxe a separação conjugal que havia vivenciado há pouco, dentro de um contexto de violência e abuso sexual do seu ex-marido. A participante desenhou uma casa e demonstrou sentir falta da sua residência, mas não da pessoa com quem convivia. Aqui compartilhou sobre essa relação abusiva, acerca das dificuldades enfrentados devido aos seus parentes não acreditarem em seu contexto familiar: "vi que estava morrendo por dentro", relatou. Margarida também desenhou seus dois filhos.

Durante o relato, todos a escutaram, enquanto Bárbara, a psicóloga integrante da extensão, fazia-lhe algumas perguntas. Ao questionar sobre quem estava lhe ajudando, Margarida respondeu: "só Deus, eu estou só, todo mundo virou as costas para mim". Foi-lhe interpelado também se casa mencionada era muito importante e ela afirmou que sim. "Estou vendo várias razões para continuar no seu desenho, a senhora vê?", perguntou a psicóloga, ao que Margarida respondeu "Sim". Em seguida, interpelou: "Quais?" e a paciente devolveu "Meus filhos". À continuidade, Bárbara questionou se ela estava sentindo-se melhor e Margarida disse que sim. Por fim, a paciente concluiu falando sobre os seus filhos, que estão se formando na universidade.

Por seu turno, a paciente Felícia fez sua partilha. Ela desenhou uma árvore, afirmando representar a árvore da vida e colocou em seus galhos diferentes peças recortadas do mosaico, sendo as peças coloridas as pessoas que Deus colocou em seu caminho e as escuras representando o abuso sofrido na infância, a separação e a morte de seus pais, contudo, pronunciou que não quis colocar muitas escuras, para pensar positivamente.

Figura 1 – Mosaico criado durante a dinâmica grupal e apresentado pela paciente Felícia.

Continuamente, Felícia narrou sobre a vivência de sua doença e as dificuldades que enfrentou, incluindo a necessidade de passar por diversas cirurgias. Relatou que era muito ativa até que em decorrência desta, quando passou a depender do esposo para tudo, lavar a casa, as roupas, pois não conseguia fazer nada. Ainda, contou que passava mais tempo internada que em casa, embora que no hospital procurasse desenhar e manter sempre a mente ocupada para afastar-se do sofrimento. Acrescentou que o filho é para ela o maior motivo de sua resistência e que percebeu, com a doença, a importância de que o outro não sofra com seu sofrimento, de modo que, muitas vezes, sorri para não passar um sentimento de tristeza ao outro.

Retornando à explicação de seu mosaico, comunicou: "minha árvore é a vida, as folhas vão ser coloridas das pessoas que Deus colocou para me ajudar" e que as folhas escuras representam os traumas que, com fé em Deus, irá se curar. Comentou que voltar ao pleno funcionamento, após o acometimento da doença não será possível, porém, já consegue fazer mais atividades que antes, expôs que "se eu já posso lavar minha casa sem me cansar já é incrível".

Nesse ínterim, a psicóloga observou que o desenho representava uma planta que Felícia cultivou, ao que ela respondeu afirmando ser do time que não desisti. A paciente mencionou, também, que com a doença aprendeu a pensar mais em si, que se encontrava nessa situação por ter pensado mais nos outros que em si e, em decorrências de esforços, a doença se agravou. Relatou que viveu muitas perdas e dores e que costumava acolher os problemas dos outros primeiro, que absorvia muito, inclusive por meio de sonhos e de pesadelos, contudo, completou que queria estar bem para poder ajudar o outro. Por fim, destacou que o verde seria a esperança que ela tem no futuro.

Em seguimento, uma das pacientes deixou o seu mosaico, porque teve que sair para exame antes da partilha. Por sua vez, o paciente Arnaldo não conseguiu representar o mosaico conforme pensou em sua mente, entretanto, partilhou que desejava representar as obras na cidade que já construiu. Este é o mesmo paciente com o qual foi realizada a aplicação de todos os instrumentos (vide tópico 5.2), devido à sua longa permanência no hospital, sendo o trabalho como valor criativo sempre presente em suas falas, durante as visitas. Arnaldo também se dirigiu à paciente Margarida dando-lhe conselhos sobre a vivência da fé como um auxílio acerca das questões por ela trazidas, de modo que a fala religiosa configura um outro aspecto de destaque nas visitas a Arnaldo.

Enquanto os extensionistas convidavam os pacientes para participar da dinâmica grupal, uma senhora chamada Sibila[4] demonstrou

---

[4] Como a paciente demonstrou interessar-se por questões místicas e possuir formação em cursos de caráter holístico, relacionou-se o seu relato ao da personagem Sibila Trelawney da série de livros e filmes Harry Potter, pois ela é professora de Adivinhação e gosta de assuntos relacionados a previsões do futuro e fenômenos místicos.

interesse, contudo, pelo fato de possuir limitações de locomoção, não poderia dirigir-se até a sala onde acontecia a intervenção em grupo. Em vista disso, duas das extensionistas decidiram levar a intervenção até ela, atendendo-a de modo individual, em seu leito, enquanto a intervenção em grupo ocorria paralelamente.

Inicialmente, explicamos a Sibila qual era a proposta do mosaico e a entregamos os materiais. Durante a explicação, a paciente parecia atenta, porém, não falava muito, apenas acenava com a cabeça. Quando começou a desenhar, constatou-se que ela tinha um tremor significativo em suas mãos em decorrência de sua doença (Síndrome de Guillain-Barré) e, por isso, realizava as primeiras linhas do desenho de forma bastante vagarosa. A impressão, à princípio, era a de que a paciente não havia compreendido, na íntegra, a proposta, pois desenhava de maneira imprecisa e possuía um olhar perdido.

Após finalizar o desenho – que consistia em três triângulos unidos localizados no canto superior da folha –, começou a escolher as peças que formariam o seu mosaico. Na escolha, parecia seguir algum tipo de critério, mas que ainda não estava explícita. Ainda no início da colagem, quando estava para selecionar a próxima peça, Sibila voltou seus olhos para as extensionistas e perguntou: "é a vida, né?", apontando para a peça de cor preta. A partir desse momento, a paciente ficou mais aberta ao diálogo e começou a expor a intencionalidade de seu desenho e das escolhas das cores das peças. Relatou que os três triângulos que desenhou representavam montanhas e significavam as idas e vindas da vida, pois "uma hora se é mãe, em outra filha".

Concernente às cores das peças, a primeira a utilizar foi a roxa, representando seus pais; em seguida, escolheu o dourado, que remetia ao seu casamento; já o preto significou o luto pela morte dos pais. Sibila usou novamente o dourado representando seus netos; seguido da cor verde, representando o desejo de saúde. Abaixo dessa linha de peças, a paciente usou um azul marinho, explicando que seria a transmutação, a harmonia; na sequência, escolheu uma peça na cor rosa, numa representação do amor e uma peça na cor vermelho, para expressar a sua esperança de encontrar alguém. Por fim, Sibila colocou um triângulo na cor laranja e explicou que, na cromoterapia, esse tom é símbolo de prosperidade e de saúde financeira. Enfatiza-se, aqui, o tamanho das peças escolhidas, em que as douradas ganham destaque em relação às outras, salientando a relevância da vivência com seus familiares representados, pais e netos.

Ao comentar sobre as cores, Sibila começou a expor mais sobre a própria vida, revelando ter três filhos e seis netos, sendo um destes netos o seu acompanhante no hospital. Sobre sua vida profissional, a paciente comentou já ter passado por diversos empregos diferentes, incluindo o serviço público. Entretanto, o que mais se destacou em sua fala foi a sua formação em cursos livres, dentre eles Constelação familiar, Reiki, Cromoterapia, Bambuterapia, Reflexologia, Massagem linfática, entre outros. Todas essas experiências influem na forma como a paciente percebe a vida e o adoecimento, revelando a sua espiritualidade.

Diante dessa abertura, indagamos sobre seguir alguma religião, ao que Sibila respondeu: "Minha religião é Deus. Quem salva é Deus, não a religião". Afirmou que respeita todas as religiões e repetiu algumas vezes que "não somos filhos de gatos, nem de cachorros. Somos filhos de Deus. Somos deuses". Ainda sobre sua espiritualidade, a paciente discorreu sobre a importância da visualização dos mantras, partilhando que era uma prática frequente, a de pintar um cenário em mente daquilo que desejava, e contou que havia sugerido isso para um paciente da mesma enfermaria que desejava passar em um concurso. Não obstante, enfatizou que o poder dos sentimentos é superior ao dos pensamentos.

Em relação dos mantras, Sibila repetiu algumas vezes o mesmo mantra: "Deus está no comando, Ele está vindo e vai me dar a vitória", e sublinhou a oração como forma de agradecimento. Ainda sobre mantras e o poder das decisões, a paciente contou sobre um episódio de sua vida no qual estabeleceu um dia específico para parar de beber. Disse que, nessa época, era conhecida, pelos seus amigos, como alguém que gostava de sair para bares e tinha condições de pagar bebida para todos. Contudo, em um determinado momento, percebeu que aquilo não estava lhe fazendo bem e decidiu parar de beber e de frequentar esses lugares. A partir disso, os amigos mencionados passaram a distanciar-se dela.

Ao ser questionada sobre como encarava a doença, Sibila respondeu que "é possível encontrar sentido em tudo que acontece, tudo tem um propósito". Nesse momento, a paciente comentou sobre sua felicidade em estar no HULW, por se tratar do lugar ideal para o tratamento adequado para sua doença. Revelou, inclusive, que havia "visualizado" sua ida ao hospital, próximo a data de seu aniversário, que, coincidentemente, tratava-se daquele exato dia do encontro. Tal informação foi percebida pela equipe, durante a intervenção, e trazida à tona ao final, quando foi solicitado que Sibila dedicasse o seu mosaico a alguém, de maneira que ela praticasse o autodistanciamento.

No momento da entrega, Sibila emocionou-se e escolheu o neto que a acompanhava no hospital, o qual não estava presente no momento, mas chegaria pouco depois. A paciente afirmou que ele tem sido uma pessoa muito importante em sua vida e tem abdicado de muitas coisas para estar com ela no hospital e, por isso, sentia-se muito grata por sua doação. Depois desse momento, a intervenção foi finalizada e houve a despedida de Sibila.

Frente ao exposto, apesar de inicialmente a paciente aparentar uma não compreensão da proposta, percebida, principalmente, pela lentificação motora – aspecto da própria da doença – Sibila demonstrou ao longo da intervenção estar bem ciente e, progressivamente, passou a elaborar aspectos de sua história e crenças, dispondo-se mais ao diálogo.

Com isso, identifica-se a acuracidade apresentada pela teoria de Frankl (1988), por meio das Dez Teses da Pessoa Humana, em especial, a quarta tese, que trata da expressão noológica apesar da doença somatogênica, de forma que a dimensão biológica, possuidora de uma função de expressividade, pode ser afetada por uma barreira – a exemplo de uma doença – para expressão noológica, atuando consonantemente ou em antagonismo a esta (Frankl, 1988). Logo, torna-se evidente que a utilização da técnica foi o meio de abertura pelo qual Sibila pôde expressar sua dimensão nosológica, apesar das limitações somatogênicas.

5 REFLEXÕES SOBRE A PRÁTICA

Daniela Matias Bonfim
Gabriel Menino Gaudêncio
Maria Eduarda Franco Chaves

5.1 ANÁLISE DA RÉGUA DO SENTIDO

Acerca da utilização da Régua do Sentido foi possível alcançar algumas conclusões e identificar similaridades entre elas. Na totalidade, foram realizadas dez réguas, visto que este instrumento era aplicado apenas na segunda visita e, devido à alta rotatividade dos pacientes, poucos permaneciam internados tempo suficiente para estarem presentes na intervenção seguinte.

Assim, apesar de existirem pequenas diferenças em relação à posição colocada por cada paciente, três eixos principais foram observados, a saber: área de maior liberdade, área de liberdade mediana e a de menor liberdade. Com isso, identificou-se que dentre as dez réguas realizadas, sete foram posicionadas na zona de maior liberdade, três na de liberdade mediana e quatro na área de menor liberdade. Salienta-se que três pacientes posicionam a Régua em mais de uma área, por isso torna-se válido descrevê-los com mais detalhes.

A primeira dentre esses paciente é Íris, caso supracitado (vide tópico 4.2.1), que posicionou a Régua nos três eixos, atribuindo significado para cada um. A segunda paciente foi Nastácia, sua particularidade foi ter colocado primeiramente em menor liberdade e, após a conversa com os extensionistas, ter alterado para a de maior liberdade. Inicialmente, Nastácia possuía um discurso voltado para as suas impossibilidades em decorrência da internação, revelando sua frustração em estar privada de manter sua rotina diária. Todavia, devido à sua abertura ao diálogo, os extensionistas buscaram ampliar o campo perceptivo da paciente, abordando o real conceito de liberdade interior, isto é, o movimento típico da dimensão espiritual que permite ao ser humano agir e posicionar-se independente das condições somáticas e ambientais, e, até o último suspiro, configurar a sua vida de modo que tenha sentido (Frankl, 2020).

A primeira dentre esses paciente é Íris, caso supracitado (vide tópico 4.2.1), que posicionou a Régua nos três eixos, atribuindo significado para cada um. A segunda paciente foi Nastácia, sua particularidade foi ter colocado primeiramente em menor liberdade e, após a conversa com os extensionistas, ter alterado para a de maior liberdade. Inicialmente, Nastácia possuía um discurso voltado para as suas impossibilidades em decorrência da internação, revelando sua frustração em estar privada de manter sua rotina diária.

Todavia, devido à sua abertura ao diálogo, os extensionistas buscaram ampliar o campo perceptivo de Nastácia, abordando o real conceito de liberdade interior, isto é, o movimento típico da dimensão espiritual que permite ao ser humano agir e posicionar-se independente das condições somáticas e ambientais, e, até o último suspiro, configurar a sua vida de modo que tenha sentido (Frankl, 2020). A partir dessa interação, a paciente passou a vislumbrar o valor atitudinal, aquele que permite uma postura diferente perante o sofrimento inevitável, de modo que passou a perceber que poderia, apesar da internação e da doença, realizar atividades das quais gostava, como conversar com seus amigos e assistir às novelas. Não obstante, acima de tudo, tomou consciência de que é possível assumir uma postura heroica diante do sofrimento.

O terceiro paciente foi Ronaldo, que atribuiu por três vezes uma liberdade maior referente às seguintes situações: alimentação, uma vez que se alimentava melhor no hospital; a sua própria saúde, posto que estava cuidando mais de si; e, em relação à sua mãe, visto que ela era seu meio de contato com seu filho. Ademais, Ronaldo posicionou duas vezes a Régua na área de menor liberdade, na primeira ocorrência justificando a questão do seu filho, recém-nascido de três meses, que ainda não havia conhecido, e no segundo episódio relacionando ao impedimento de fazer algo de que gosta, como desenhar. Frisa-se que a partir disso, o extensionista lhe mostrou a possibilidade de desenhar e emprestou-lhe lápis de cor, que tinha consigo e, com isso, Ronaldo fez um desenho.

Por conseguinte, efetuou-se um levantamento das dez réguas aplicadas e as particulares de cada uma. A análise foi realizada com base no "Protocolo de Atendimento com a Régua de Sentido" (Aquino, 2018), considerando a situação limite em que cada paciente se encontrava, sendo o limítrofe, devido ao contexto hospitalar, a própria doença que os acometia. Outrossim, categorizou-se a área na qual o paciente posicionou a régua e a sua postura perante a situação (o adoecimento), quais sejam: passividade adequada, passividade inadequada, atividade adequada e atividade inadequada.

Consoante a Aquino (2018), dentre as posturas mencionadas, três delas podem ser consideradas saudáveis e possíveis do encontro com o sentido. A passividade adequada indica a postura da pessoa que, diante do chamado da vida, desfruta do momento e recebe algo positivo do mundo. Em tempo, a passividade adequada, ainda, pode remeter a uma transformação de si mesmo diante do sofrimento, assumindo uma postura interior a qual reflete sua liberdade. Já, a atividade adequada também pode representar uma postura saudável de encontro com a situação limite, posto que a pessoa pode responder ao chamado da vida a partir da transformação criativa da situação na qual se encontra, por meio de um ato criativo.

Tabela 6 – Protocolos de atendimentos da Régua do Sentido, realizados na extensão

Nome	Idade	Situação limite	Avaliação da área de liberdade do Paciente	Postura do paciente perante a situação	Observações
Arnaldo	69	Doença no fígado	Área da liberdade ampla	Passividade adequada	O paciente possuía boa capacidade de auto distanciamento pelo humor e buscava dar um sentido espiritual para a situação em que estava.
Íris	37	Doença de Chron	Área da liberdade ampla, Área da liberdade parcialmente restrita e Pouca área de liberdade	Atividade adequada	Buscava transformar a situação por meio de atividades criativas, como ler e escrever. Tinha bom conhecimento sobre seu prognóstico e buscava conhecer cada vez mais sobre sua doença, incluindo a possibilidade de uma vacina. Além disso, seu discurso manifestava o supra sentido, visto que acreditava que tudo iria fazer sentido no futuro.
Angélica	65	Vasculares crônica	Área da liberdade ampla	Passividade adequada	Possui consciência de sua doença e deposita confiança em Deus e nos médicos. Manifestava o valor atitudinal, pois possuía boa postura interior diante do sofrimento.
Santiago	64	Psoríase	Área da liberdade ampla	Atividade adequada	Possui um movimento de atividade diante da doença, buscando cuidar de sua saúde. "Sou um guerreiro vitorioso, estou vencendo, desisto não".
Nastácia	43	Infarto ocular	Área da liberdade ampla e Pouca área de liberdade	Passividade inadequada para passividade adequada	De início, possuía um discurso voltado às suas impossibilidades de ação e posicionou a régua na região de menor liberdade. Entretanto, depois da conversa com os extensionistas, conseguiu vislumbrar mais possibilidade de postura interior e decidiu mudar para a região de maior liberdade

Nome	Idade	Situação limite	Avaliação da área de liberdade do Paciente	Postura do paciente perante a situação	Observações
Roberto	33	Tumor no cérebro	Área da liberdade ampla	Atividade adequada	Possui bom relacionamento com os outros pacientes e apresentava o auto distanciamento a partir do humor. Tinha preocupação em estar bem para ajudar mais os outros.
Ronaldo	20	Doença renal	Área da liberdade ampla e Área de pouca liberdade	Passividade adequada	Possui uma postura de aceitação diante da doença, pois via benefícios na internação, como melhora na alimentação e no cuidado com sua saúde.
Sofia	22	Lúpus	Área da liberdade parcialmente restrita	Atividade adequada	Apesar do adoecimento, manifestava o valor criativo a partir da realização de atividades manuais, como crochê e desenho. Também considerava a fé como elemento fortalecedor.
Cristina	27	Infecção urinária	Área da liberdade parcialmente restrita	Passividade adequada	Percebia que a doença lhe convocava a valorizar mais a vida, mesmo se queixando das limitações que sofria em decorrência da internação.
Patrícia	25	Anemia	Pouca área de liberdade	Atividade adequada	Apesar da internação, viu a situação como uma oportunidade para organizar sua empresa. Vislumbrava, portanto, aspectos positivos naquela situação, apesar de ressaltar as limitações decorrentes da internação.

Diante das informações expostas na Tabela 6, conclui-se que metade dos pacientes que participaram da Régua do Sentido possuíam uma postura de atividade adequada, significando que mesmo diante da situação limite, conseguiam realizar valores, dado que "sempre e em toda parte a pessoa está colocada diante da decisão de transformar a sua situação de mero sofrimento numa produção interior de valores" (Frankl, 2020, p. 91).

No caso dos pacientes atendidos, tal realidade apresentou-se, sobretudo, em atitudes relacionadas ao autocuidado e às atividades criativas. Já, os outros 50% dos pacientes possuíam a postura de passividade adequada, ou seja, percebiam que diante da realidade da internação – que não poderia ser mudada – buscaram transformar a si mesmos, principalmente, por meio do humor e da vivência da fé. De forma geral, destaca-se a postura adequada de todos os pacientes atendidos.

5.2 ANÁLISE DA BÚSSOLA DOS VALORES

Ademais da Régua do Sentido, a Bússola dos Valores foi um outro instrumento utilizado na prática da extensão. Considerando que a Bússola dos Valores só era aplicada apenas na terceira visita ao paciente, foi realizada com apenas cinco, dentre os quais destacaram-se dois atendimentos: Arnaldo, de 69 anos, e Santiago, de 65 anos.

Arnaldo foi o paciente com o período de internação mais prolongado a ser atendido pelo projeto de extensão. Com carisma e fé marcantes, demonstrou seus aprendizados com a vida e com a doença, enxergava cada situação como uma oportunidade para dar glória a Deus. Arnaldo era aposentado e o trabalho possuía grande significado em sua vida (valor criativo), visto que sempre contava sobre o que já tinha feito e continuava a atuar como comerciante.

Na Anamnese Afetiva, referiu sua esposa, sua mãe, suas duas filhas e suas irmãs como seus amores e manifestou seu desejo de ver a família feliz e contribuir para que eles tenham uma vida confortável. É evangélico, da Assembleia de Deus, e sua fala esteve sempre permeada pelo discurso religioso. O paciente via sua doença como uma provação, não como um castigo, como uma consequência de sua negligência com sua saúde, que em consequência do abuso de álcool, na juventude, tem seu fígado comprometido, além de diabetes, que não foi cuidada devidamente.

Durante a aplicação da Régua do Sentido, Arnaldo prontamente a posicionou no grau de máxima liberdade, momento no qual os extensionistas retomaram um relato dele, pronunciado na visita anterior: "quando abaixamos a cabeça, tudo piora". O paciente enfatizou como assumir posturas positivas auxilia no enfrentamento das situações sobre as quais não temos controle e como a oração o auxilia para isso. A partir das palavras do paciente, apreendeu-se o que Frankl (2011) denomina como valor atitudinal: "Quem controla tudo é Deus", afirmou, explicando que as mãos do médico são as mãos santas de Deus e que, com fé em Deus e na medicina, sairia daquela situação.

Arnaldo demonstrou a autotranscendência nos constantes depoimentos sobre amar o próximo. Narrou um episódio, ocorrido no trabalho, no qual ajudou uma mulher em necessidade e, com isso, desenvolveu seu posicionamento sobre a importância de servir aos outros – sem mencionar para os demais, de boa vontade, pois sabe que haverá alguém para lhe ajudar quando precisar. "O que faço para mim, faço para os outros", concluiu Arnaldo, abordando, ainda, sobre como a inveja, a ganância e a maldade destroem o homem.

Ao ser aplicada a Bússola dos Valores, primeiramente, os extensionistas pediram para que Arnaldo identificasse, no passado, a prevalência de cada um dos quatro valores – contemplar, amar, criar e posicionar-se –, em seguida, foi pedido para pontuar, no presente, qual valor está se sobressaindo. Sobre o valor "criar", o paciente relatou sobre sua criação, o respeito aos pais, a vivência com os nove irmãos. Discorreu sobre seu trabalho, momento em sempre volta a contar sobre a empresa na qual trabalhou por cerca de 20 anos; em seguida, contou sobre seu trabalho na prefeitura, na polícia, no comércio e em obras, acrescentando ter viajado por todo o país, o que lhe proporcionou conhecer muita gente e fez amizades, porém, no momento presente, diz que "abusou" de viajar e, atualmente, importa a sua família.

Sobre os valores "contemplar" e "desfrutar", Arnaldo ateve-se ao desfrutar de prazeres, comentando sobre sua juventude, na qual tinha prazeres (bebidas, mulheres, festas, violão) sem pensar nas consequências, narrou que "quis desfrutar da vida sem pensar no caminho", entretanto, ressaltou que Deus o tinha "colocado no lugar". Comentou que por isso perdeu seu fígado e sua voz, e ressaltou: "mas hoje sou feliz". Prossegui enunciando que hoje trabalha até onde Deus quer, sem pensar no passado, pois seria "sofrer duas vezes". Ao ser perguntado como se sentia ao lembrar disso, o paciente respondeu que não sente mais nada e frisou: "vou chorar de novo?" e "quem fica lá embaixo é defunto".

Nesse momento houve uma intervenção para que Arnaldo pudesse se recordar do passado de uma forma mais integrada, enxergando que também foi um tempo positivo de aprendizagem. Quando indagado sobre ter aprendido uma habilidade, naquele tempo, a de tocar instrumentos musicais, o que lhe serviu para tocar na Igreja, respondeu que "não importa o que aprendi, fui para o lado das influências". Por fim, acerca do valor "amar", o paciente pontuou sobre amar a si mesmo e ao próximo, como Deus amou, uma vez que "se não der amor, não o recebe". Questionado sobre amar sem receber, Arnaldo respondeu que, nesse caso, deve-se entregar a Deus, para sua glória, visto que não existe um amor que é obrigado; que se deve amar um ao outro de coração. Afirmou, ao final da intervenção, que "amar" é o valor que se sobressai atualmente.

O outro paciente que a Bússola apontou um caráter bastante significativo foi Santiago, de 64 anos. Ao todo, ocorreram três encontros com Santiago, sendo que nos dois primeiros foram realizados a Anamnese Afetiva, o Inventário Existencial e a Régua do Sentido. Nesses primeiros encontros, Santiago encontrava-se mais sonolento e possuía uma fala mais lenta, indicando estar, possivelmente, sob efeito de medicação. A partir da Anamnese, Santiago revelou ter sido internado devido a problemas no fígado e estava fazendo hemodiálise no hospital.

À continuidade, quando indagado sobre seus gostos pessoais, Santiago comentou que o que mais gostava de fazer era jogar bola e escutar músicas românticas, como Roberto Carlos e Amado Batista. De modo geral, principalmente a partir de suas respostas ao Inventário Existencial, destacaram-se a sua força diante das adversidades, sua estreita relação com sua família – evidenciada em sua preocupação em "deixar a família amparada" – e a tomada de consciência, a partir da internação, de cuidar mais de si. Tais convicções apareceram de forma mais clara no curso da aplicação da Bússola dos Valores.

No terceiro encontro, Santiago estava mais ativo e participativo, respondendo os questionamentos com mais rapidez. De modo especial, neste dia, o paciente que dividia o quarto com ele demonstrou haver construído uma amizade, pois, no decorrer da intervenção, tiveram momentos de descontração, com diversas piadas e comentários divertidos. Em relação às suas respostas à Bússola dos Valores, no valor "criar", Santiago recordou-se dos seis anos em que trabalhou como caminhoneiro, transportando abacaxi. Ao ser perguntado como via esse valor no presente, respondeu que hoje não está criando nada, todavia, está cuidando de sua saúde e de seus netos e, no futuro, pretende construir uma casa para sua família.

Relativo ao valor "contemplar", Santiago recordou de suas idas aos açudes, com sua esposa e família, enquanto jovem. No presente, o paciente afirma não estar contemplando nada, mas tem vontade de ficar bem e voltar a viajar para esses rios e açudes de sua juventude. Nesse momento, houve um episódio de descontração, junto ao paciente do leito ao lado sobre viagens, pois, ambos começaram a planejar uma viagem ao Rio São Francisco, para quando todos estivessem recuperados.

Concernente ao valor "posicionar-se", os extensionistas perguntaram como Santiago encarava os sofrimentos, ao que o paciente relatou: "é muito difícil, me sinto um guerreiro, um herói". Depois de mais um momento de descontração, acrescentou que "o caba passar o que eu tenho passado nesses quatro anos, perdi dois filhos e minha mulher, venho lutando, graças a Deus". Interpelado sobre a origem dessa força, Santiago respondeu que vinha de Deus e que espera voltar para Ele.

Por fim, ao ser indagado em que momento o valor "amar" esteve mais presente em sua vida, Santiago respondeu "com minha veia, minha esposa", ficando emocionado. Quando ser perguntado se lhe ocorria uma lembrança específica em mente, respondeu, com bom humor e rindo, "não posso falar não". Sobre como entendia o valor "amar" hoje, Santiago disse que hoje ama a Deus e seus netos, contudo, fez uma pausa e disse que ainda ama sua mulher, comentando que havia falecido há dois anos. Apesar da finalização da aplicação da Bússola dos Valores, Santiago ainda estava disposto a conversar e os extensionistas permaneceram na enfermaria um pouco mais, trocando experiências sobre viagens ao interior. Santiago agradeceu a visita e pediu para que os extensionistas voltassem outras vezes.

Diante dos dois casos expostos, é possível traçar algumas relações. Ambos são idosos, com mais de 60 anos, e mantiveram um discurso bastante voltado às suas experiências passadas. Arnaldo e Santiago identificaram o trabalho como valor criativo e manifestaram orgulho do que haviam construído durante suas vidas. Ambos também mobilizaram em suas falas a importância de manterem-se firmes, mesmo diante do sofrimento: "quando abaixamos a cabeça, tudo piora" e "é muito difícil, me sinto um guerreiro, um herói". Manifesta-se, nesses relatos, a liberdade interior, dado que mesmo estando mais privados de realizar os valores criativos e vivenciais atualmente – devido à internação –, ainda é possível ter uma postura diferente diante do sofrimento. A esse respeito, Frankl (2020) esclarece que continua existindo, portanto, um resquício de liberdade do espírito, mesmo diante do sofrimento inevitável, que permite configurar a vida de modo que exista sentido.

Em sequência, os pacientes também atribuíram a força que possuem a Deus, indicando ser por meio Dele que conseguem se manter bem diante das adversidades. A fé, portanto, foi um elemento bastante presente no contexto do hospital e figura sempre em uma perspectiva de fortalecimento do eu diante do sofrimento. Nesse sentido, Frankl (2021) aponta que quando se aborda a fé, fala-se sobre o sentido último, ou seja, o suprassentido. Logo, a fé religiosa é uma fé no suprassentido, uma confiança, dado que, na fé religiosa, há "uma sensação de incomparável proteção e ancoramento que não pode ser encontrada alhures a não ser na transcendência, no Absoluto" (Frankl, 2023, p.74).

Por fim, sublinha-se que a autotranscendência e o autodistanciamento também permearam esses dois casos. A autotranscendência aparece tanto em Arnaldo quanto em Santiago por meio do amor direcionado às famílias e, no caso de Santiago, a sua falecida esposa e filhos. Já o autodistanciamento apresentou-se através do humor, visto que os dois pacientes se mantinham bem-humorados durante as intervenções.

5.3 O SENTIDO NO SOFRIMENTO: O HEROÍSMO DOS PACIENTES DO PROJETO DE EXTENSÃO

Muito se discutiu até aqui acerca do sofrimento. Entende-se que este é um aspecto inerente à condição humana e, por isso, compõe a tríade trágica, também se verificou como é possível sofrer com sentido, por meio da vivência atitudinal, excluindo comportamentos de escapismo ou de masoquismo.

Importa, a partir deste ponto, discorrer acerca do sentido do sofrimento, que, na visão frankliana, não está no sofrimento em si, mas na postura assumida diante dele. Para uma melhor compreensão, é válido relembrar alguns dos relatos de vivências de Viktor Frankl, nos campos de concentração: havia aqueles que se transformaram heroicamente, em função do sofrimento, e aqueles que sucumbiam, entrando em desespero. Isso mostra que, diante da mesma circunstância, o que carrega significância não é o sofrimento, e sim como ele é suportado. Um dos nossos pacientes ilustrou perfeitamente essa dinâmica ao afirmar, em uma visita, que "nessa vida, abaixar a cabeça piora ainda mais". Decorre, portanto, que a cabeça erguida diante de um sofrimento inevitável decorre do encontro com um sentido que lhe dê significância.

Nesse entendimento, compreende-se que a beleza reside em pensar que existe sentido na vida, independente da situação e não somente quando tudo flui positivamente, mas também em meio às dores. A vida merece ser vivida em toda circunstância, sendo o sofrimento inevitável, uma oportunidade de conquista interior, de transformação e de sentido, em vista disso, compreende-se a importância dada por Frankl (2020, p. 89) à afirmativa de Dostoievski, a saber: "Temo somente uma coisa: não ser digno do meu tormento".

Entretanto, o perigo reside em romantizar o sofrimento, uma vez que a postura adotada diante dele não exclui sua vivência. Assim, se sofre o sofrimento! Ao longo da extensão, foram atendidos vários pacientes com posturas compatíveis ao contexto de adoecimento, privados dos seus, mas que os mantinham no coração; queriam entender o porquê, porém, entregavam-se a Deus; choravam por si, contudo, consolavam os outros; sofriam na dimensão somática, no entanto, com resiliência e esperança.

Toda essa dinâmica de autotranscendência, autodistanciamento e mesmo de suprassentido traz alívio às suas dores, ressignificam-nas, trazem-lhe o heroísmo do sacrifício, não obstante, se o sofrimento deve ser vivenciado somente quando inevitável, significa que ele por si não é o sentido. Os pacientes encontravam sentido naquela situação? Sem dúvidas! Estavam preenchidos! Todavia, quando perguntados se desejam retornar às suas casas, ou restituírem sua saúde, responderam esperançosos que sim. Caso contrário, cairiam no erro do masoquismo.

Por conseguinte, deve-se ter cuidado em querer avaliar, ou protocolar, as vivências noológicas dos pacientes, pois, até que ponto a tristeza indica uma postura inadequada? Qual o parâmetro para medir se o questionamento do paciente sobre sua doença é inadequado? Nesse cenário, ao lidar com pacientes que não se enxergavam num grau elevado de liberdade, não condizia aos extensionistas algum julgamento, ou uma decepção, e sim um profundo respeito e compreensão. Não eram esses pacientes menos fortes que aqueles que, imediatamente, posicionaram a Régua de Sentido em máxima liberdade, dado que precisavam apenas de uma ajuda para ampliar seu campo de visão. Não por menos, houve casos nos quais, depois de uma breve conversa, percebiam que eram mais livres do que pensavam ser.

Em suma, as lágrimas perante o sofrimento não indicam fraqueza, ao invés disso, representavam humanidade e coragem de sofrer, de maneira que estar de cabeça erguida, naquela circunstância, não significa estar sempre estoicamente ereto ou inabalável. O processo de uma vivência que causa dor é profundo e singular, posto que cada pessoa, em sua unicidade, experiencia de acordo com suas histórias, crenças e valores, e essa subjetividade deve ser respeitada; ao passo em que o cuidado com o outro exige o alívio de suas dores. Na logoterapia, isso é feito pela tomada de consciência de dinâmicas noológicas que auxiliem nessa vivência, a consciência do *logos* oculto. Um exemplo foi o sorriso que Íris esboçou ao perceber, pelo diálogo com a equipe, a possibilidade de iniciar seus estudos de forma autônoma, mesmo sem poder ingressar na faculdade desejada. Aquilo não estava em seu campo de visão, todavia, o seu sorriso indicou o reconhecimento de possibilidade de algo que lhe confere realização.

Nessa senda, parece existir um movimento paradoxal no sofrimento: o ser humano quer evitá-lo a todo custo, porém, sente falta de movimento em meio à tranquilidade. Cabe aqui um exemplo literário, tratado por Tolstói em seu livro *A felicidade conjugal* (2010), visto que, a esposa, descrita pelo autor russo, quando se vê recém-casada e na vida rural, afirma: "E realmente eu era feliz; mas atormentava-me o fato de que essa felicidade não me custava nenhum trabalho, nenhum sacrifício, enquanto as forças do trabalho e do sacrifício, reprimidas, me faziam sofrer" (Tolstói, 2010, pg. 70).

Isto posto, uma aparente evidência é a de que as coisas adquirem maior valor quando custam um alto preço, quando se sofre por elas. Os pacientes mais jovens ao serem questionados, no Inventário Existencial, sobre suas principais realizações demonstraram dificuldade em responder, dando a entender que os feitos realizados em suas vidas, até o momento, não foram extraordinários, a exemplo de se formar no Ensino Médio, figurando como algo que estaria dentro do comum. Essa percepção retoma a aspiração do "sonho americano" de conquistar seu primeiro carro e sua primeira casa, conquistas advindas de árduo esforço.

Dessa maneira, passar por um adoecimento seria, então, uma grande vitória. A esse respeito, tem-se como exemplo um dos participantes, um senhor a quem os extensionistas fizeram várias visitas e em todas ele era referido como um "velhinho guerreiro", pois demonstrava consciência de que o que era possível fazer para si e para os seus, naquele momento, era cuidar da sua saúde. Essa postura enfatiza a percepção de como é possível encontrar sentido apesar do sofrimento ou no próprio sofrimento.

Importa sublinhar como o valor vivencial é um amparo fortalecedor para quem sofre, visto que inúmeros pacientes internados contam apenas com acompanhantes que, privados de conforto, proporcionam força e esperança. São muitos os exemplos de amparo, como o de uma jovem, rodeada por duas amigas que, com bom humor, levantavam seu ânimo, ou ainda tantas mães reconfortadas pelos filhos, com palavras de afeto e encorajamento. Tais pacientes descobriram em meio a dor o quanto são amados pelos seus. Em uma visada existencial, o ser humano é constitutivamente relacional, por conseguinte, a vivência de experiências sofridas também se fortaleceu relacionalmente, por isso, Frankl (1978, p. 241) recorda em seu livro o *Homo Patiens*, que "sofrer, então, não significa apenas esforçar-se, crescer e amadurecer, mas igualmente enriquecer-se".

Outrossim, muitos pacientes carregavam o valor de terem amado. Dentre eles, destacam-se, aqui, um senhor que, viúvo há dois anos, falava com lágrimas nos olhos sobre sua esposa. Bem como uma senhora que durante 18 anos cuidou do filho com microcefalia e paralisia cerebral, e recordava com afeto os sacrifícios que fez em sua criação. Ou, ainda, de uma mãe acometida por Lúpus, que encontrava forças para melhorar e poder cuidar do neto, que estava para nascer, e da filha que, acometida pela mesma doença, sofreu um AVC. Nesses e em outros exemplos, constata-se como o amor está vinculado ao sacrifício, o possibilita a inferência de que todos esses pacientes pagariam quantas vezes fosse necessário o custo do amor e diriam, como Pablo Neruda (2004, p. 99), "o maior dos sofrimentos é nunca ter sofrido".

5.4 A AUTOTRANSCENDÊNCIA: A ESSÊNCIA DA EXISTÊNCIA

Em conformidade com a discussão em curso, um importante conceito da Logoterapia, que parece ressoar de forma mais amplificada no contexto hospitalar, é o de autotranscendência. Segundo Frankl (2011, p. 67), "a autotranscendência constitui a essência da existência. Ser humano é ser direcionado a algo que não si mesmo". Este "algo" poderia ser uma pessoa ou um sentido a realizar, de forma que, no entendimento de Frankl (2020), o homem não é como um sistema fechado, mas um ser responsável que compreende que a autorrealização só pode vir como efeito colateral da autotranscendência.

Em vista disso, a partir do momento em que o indivíduo passa a "olhar para fora" o sentido tornar-se mais acessível, pois na medida em que a pessoa esquece de si mesma, esta será mais humana e saudável e se realizará como ser humano (Frankl, 2020). Desse modo, é apenas quando o homem preenche um sentido fora de si, no mundo, que haverá a autorrealização (Frankl, 2011). Constata-se, então, que a autotranscendência faz parte da dimensão noológica, isto é, a dimensão propriamente humana.

De maneira mais detalhada, Frankl (2011) compreende esse conceito a partir de dois de seus principais fenômenos: o amor e a consciência. O amor, para o autor, constitui-se como a capacidade humana de apreender outro ser humano em sua genuína singularidade, dado que "cada pessoa é insubstituível; senão por outros, o é por quem o ama" (Frankl, 2011, p. 29). O amado é, para aquele que ama, um "tu" (Frankl, 2019) e, por isso, no amor o ser humano pode esquecer-se de si e voltar-se ao outro.

No contexto de realização do projeto, o hospital HULW, o amor teve um destaque especial. Primeiramente, na aplicação da Bússola dos Valores, o valor "amar" foi o mais citado pelos pacientes como sendo o mais estavam experienciando durante aquele momento. Contudo, para além disso, o amar apareceu principalmente nas falas dos pacientes durante os diálogos com os extensionistas e nas respostas aos instrumentos. Isso pode ser confirmado pela análise do IRAMUTEQ, posto que oito entre as dez palavras mais citadas pelos pacientes, nas respostas do Inventário Existencial, o faziam referência ao "amar", seja em relação ao que é amado (filho, mãe, família, casa e Deus), seja em relação ao próprio movimento (cuidar).

Destaca-se, portanto, que essa dimensão da autotranscendência esteve bastante presente nos pacientes atendidos, principalmente em relação à família, considerada quase que unanimemente como elemento fortalecedor para a vivência da internação. Muitos pacientes comentavam sobre a saudade que a distância dos filhos produzia e a dificuldade em conseguir cuidar deles a distância. Já os pacientes mais novos ressaltaram a importância de ter os pais os acompanhando, no hospital, e a segurança que lhes passavam. Em tempos, outros pacientes ressaltaram a importância da família para a compreensão do diagnóstico e do suporte dado davam durante o tratamento. Logo, todos esses aspectos serviam como consolo, fonte de esperança e de força para os pacientes.

Sublinha-se, também, a presença de muitas falas relacionadas à necessidade de melhorar a saúde com o objetivo de conseguir voltar ao encontro dos familiares, ou de voltar a cuidar dos filhos. Nesses casos, a autotranscendência manifesta-se de forma muito clara, reforçando a ideia de que o homem não é um sistema fechado e que ele só vai dar sentido ao sofrimento e à vida a partir do momento no qual sai de si e ama verdadeiramente: trata-se do cuidar-se para cuidar dos outros.

Ainda sobre os fenômenos da autotranscendência, a consciência também é citada por Frankl (2011), sendo, nesse sentido, a capacidade de apreender o sentido de uma situação em sua total unicidade de forma única para cada indivíduo. No contexto da prática da extensão, esse fenômeno também foi observado com muita frequência, pois via-se de forma ainda mais latente a capacidade humana de encontrar sentido, inclusive, no sofrimento e no processo de internação.

Essa realidade apresentou-se como o movimento dos pacientes em tirar lições das situações que enfrentavam. Tais reflexões foram provocadas, principalmente, por alguns itens presentes no Inventário Existencial – "a vida está me exigindo que eu" e "a minha situação atual pode ser uma oportunidade para" –, por meio de indagações que permitiam aos pacientes elaborarem sobre suas vivências e ampliarem a forma de encarar a situação, facilitando o caminho do encontro com o sentido.

5.5 HUMOR COMO FORMA DE AUTODISTANCIAMENTO

No contexto hospitalar, embora se almeje a cura, os pacientes continuam sendo atravessados por dificuldades que abrangem diferentes campos da vida. Durante o período de internação, é provável que os avanços no tratamento da doença ocorram muito lentamente ou mostrem-se pouco significativos; é, ainda, igualmente possível que os quadros apresentem avanços seguidos de regressões. Assim, com a debilitação da saúde do corpo, a saúde psíquica também se encontrar em perigo devido à frustração e à incerteza.

Fenômenos semelhantes puderam ser observados ao longo do projeto. Contudo, não se pode afirmar que tais adversidades estavam diretamente associadas a uma infelicidade geral do paciente. Apesar da debilidade das dimensões somática e psíquica, muitos pacientes demonstraram conservar a si próprios em termos de personalidade e de valores e atitudes perante a vida.

À vista disso, torna-se latente a capacidade que o ser humano possui de se posicionar frente aos seus condicionantes psicofísicos, fenômeno chamado de autodistanciamento. A partir do autodistanciamento, o paciente eleva-se acima da situação e de si mesmo, de modo a encontrar-se livre para formar o próprio caráter. Nessa perspectiva, para Frankl (2011, p. 27), "o que importa, logo, não são os condicionantes psicológicos, ou os instintos por si mesmos, mas, sim, a atitude que tomamos diante deles".

De acordo com o médico vienense, o autodistanciamento manifesta-se tanto pelo heroísmo como pelo humor (Frankl, 2011). No heroísmo, o ser humano distancia-se dos condicionantes psicofísicos ao optar por suportar um sofrimento em vista de um sentido que o transcende. A via do humor, por sua vez, permite a ampliação da perspectiva do ser humano perante aquilo que o confronta, promovendo, dessa forma, o autocontrole e a atenuação dos condicionantes psicofísicos. É importante frisar que o humor, como manifestação do autodistanciamento, é um movimento da dimensão noológica, sendo, portanto, "um fenômeno tipicamente humano" (Frankl, 2011, p. 28).

Continuamente, o fenômeno do humor pôde ser vivenciado em diversas visitas realizadas no projeto. As intervenções possuíam, em geral, e conforme permitiam as circunstâncias, uma atmosfera descontraída e leve, como exemplificado no caso Roberto. Tal atmosfera era comumente estabelecida a partir da atitude inicial do paciente, a qual era correspondida pelos extensionistas.

Em certa visita, os extensionistas dialogavam com uma paciente sobre os possíveis ensinamentos do período de internação e suas implicações após a alta. A paciente refletiu sobre as causas que a levaram à internação e mencionou que seus hábitos alimentares não contribuíam com sua saúde, já que suas refeições eram compostas principalmente por "lanches". Ela riu ao falar isso, distanciando-se naquele instante dos incômodos psicofísicos. Ao optar por ironizar sua vivência, sua percepção sobre a internação tinha o impacto reduzido ao ser colocada em perspectiva com algo tão trivial quanto comer lanches. Ademais, esse gracejo foi repetido outras vezes, ao longo da visita, revelando-se como um elemento promovedor do *rapport*.

Outrossim, com frequência, o bom humor constituía o clima padrão de algumas enfermarias. Em muitas ocasiões, enquanto os extensionistas entrevistavam algum paciente, seus companheiros de enfermaria, ou acompanhantes, inseriam-se na conversa com comentários bem-humorados acerca das questões levantadas.

5.6 O INCONSCIENTE ESPIRITUAL E SUAS REPERCUSSÕES NA PRÁTICA DA EXTENSÃO

Distinguindo-se do conceito freudiano de inconsciente, recorrente no âmbito da Psicologia, Frankl (2023) concebeu uma noção diferente de compreensão do inconsciente, sem, contudo, desconsiderar o inconsciente pulsional, uma vez que aponta para a ideia de um inconsciente espiritual, próprio da dimensão noética. Para Frankl (2023) os níveis consciente, pré-consciente e inconsciente estão presentes nas três dimensões da pessoa (somática, psicológica e noética), logo, a dimensão noética também possui um nível inconsciente, sendo caracterizado por sua maior fluidez e permeabilidade (Frankl, 2023).

Dessarte, compreender o que é o inconsciente espiritual é fundamental para chegar ao entendimento da experiência do sentido. De acordo com Frankl (2023), o sentido é uma motivação primária, ou seja, é aquilo que move o ser humano, o motivo pelo qual se vive. Esse sentido é, por conseguinte, individual e único para cada pessoa e precisa ser acolhido livremente, contrariando as perspectivas psicanalistas e behavioristas que entendem o homem como fruto de suas pulsões ou do meio (Carvalho, 2021).

Esse sentido é, a priori, inconsciente e está presente no inconsciente espiritual. O inconsciente para ser considerado noético precisa caminhar atrelado à liberdade, pois o ser humano não é factualmente impulsionado. O fundador da Logoterapia considera, então, que esse inconsciente oferece razões para viver, porém, não determina um caminho (Carvalho, 2021). Assim, ao adotar esse posicionamento, Frankl (2023) não rejeita a visão freudiana do inconsciente, e sim a amplia.

Nesse entendimento, Xausa (1986) defende que a passagem do inconsciente para a consciência é fluida, diferente das outras perspectivas. Para a Logoterapia, "o importante é determinar se é algo consciente ou inconsciente, isto é, se origina nos impulsos, induzindo o homem à ação, ou se emerge do centro da pessoa e lhe permite tomar suas próprias decisões." (Xausa, 1986, p. 192). Portanto, o objetivo da extensão seria tocar nesta dimensão espiritual do inconsciente e permitir que o paciente chegue a compreensões próprias do centro de sua pessoa e consiga refletir acerca dos sentidos nela presentes.

Para tanto, os instrumentos utilizados na extensão, principalmente o Inventário Existencial, tiveram como objetivo despertar a consciência dos valores existenciais, considerando que quanto maior a consciência desses valores, mais protegida é a dimensão psicofísica (Aquino, 2018). Nesse panorama, que o indivíduo possa encontrar novas razões para agir livremente no mundo, o Inventário Existencial utiliza-se da associação livre, meio pelo qual, as respostas tendem a sair do inconsciente espiritual para a consciência psicológica. À medida que esse processo acontece, o paciente começa a "dar-se conta" de aspectos relevantes de sua vida que, muitas vezes, estavam fora de seu horizonte de consciência imediato, além de sentidos que podem ser encontrados.

Um exemplo dessa realidade, ocorreu com uma paciente que, após ser perguntada pelos extensionistas sobre como havia sido a experiência de responder os itens do Inventário Existencial, revelou que apesar de suas respostas girarem prioritariamente em torno de sua filha (por ser uma pessoa importante para ela), atualmente, a paciente não estava tão próxima da filha como antes e estava "colocando outras coisas acima dela". Isso significa que, a partir das perguntas do Inventário, a paciente pôde reconsiderar suas escolhas valorativas e uma nova realidade foi desvelada.

Nesse âmbito, o relato livre promovido pelas provocações do Inventário Existencial também foi um fator que corroborou para a vivência dos valores e o encontro do sentido daquela circunstância. Assim, foi uma percepção unânime entre os extensionistas de que muitos pacientes pareciam estar elaborando pela primeira vez suas vivências do processo de internação, e era por meio da fala que o sentido se desvelava e o "dever ser" se tornava consciente. Era como se, de fato, os pacientes passassem a ter mais domínio de suas próprias histórias e pudessem tomar consciência de aspectos que antes estavam nublados. Essa percepção coaduna-se com o papel postulado por Frankl (2020) do que vem a ser o logoterapeuta:

> Em linguagem figurada, o papel do logoterapeuta é antes o de um oculista que de um pintor. O pintor procura transmitir-nos uma imagem do mundo como ele o vê; o oftalmologista procura capacitar-nos a enxergar o mundo como ele é na realidade. O papel do logoterapeuta consiste em ampliar e alargar o campo visual do paciente de modo que todo o espectro de sentido e potencial se torne consciente e visível para ele (Frankl, 2020, p.134-135).

Em continuidade, a prática da extensão e os instrumentos utilizados buscaram promover a maior tomada de consciência dos pacientes, permitindo-lhes enxergar um horizonte de sentidos que antes estavam fora de alcance, ou que ainda não estavam totalmente enraizados.

Somado a isso, muitos pacientes, após serem interpelados pelos itens do Inventário, demonstraram reações emocionais, como o choro, indicando que aquele questionamento havia, de alguma forma, atingindo uma dimensão profunda do "eu", ou seja, a pessoa espiritual. Esse fluir do inconsciente espiritual para a consciência psicológica, portanto, frequentemente ocorria de maneira emocionalmente impactante para os pacientes, manifestado, inclusive, por longas pausas antes de responder, ou também pela via do silêncio. Na maioria desses momentos, essa reação estava ligada a questões voltadas à postura exigida pela vida, para o paciente, naquelas circunstâncias.

Em alguns casos ocorriam alterações nas respostas do paciente, no decorrer da visita. Alguns pacientes iniciavam com uma visão acerca da situação na qual se encontrava, todavia, a partir do diálogo promovido por meio dos instrumentos, mudavam a percepção da situação. Isso pode ser explicado pela ampliação do campo da consciência promovida pelo diálogo com os extensionais, o qual possibilitou que os pacientes se questionassem sobre a sua realidade e sua postura.

Um exemplo dessa modificação é o da paciente Renata, que após ser perguntada sobre o que a doença a queria ensinar, respondeu que não conseguia ver nada de bom e que aquela doença – no seu caso, o lúpus – só havia lhe trazido sofrimento, principalmente porque também tinha atingido a sua filha. Entretanto, no Inventário Existencial, ao ser indagada por um item semelhante – "a minha situação atual pode ser uma oportunidade para" –, respondeu que percebia o adoecimento como sendo uma oportunidade para "aprendizado e ser mais sensível ao próximo". Ou seja, o que antes era enxergado como um aspecto do qual não seria possível tirar algo de bom, Renata passou a vislumbrar aspectos positivos e de aperfeiçoamento pessoal.

Por fim, enfatiza-se, também, que o Inventário Existencial tem como foco despertar e estimular o desenvolvimento de uma visão positiva da situação, por isso que os itens foram desenvolvidos com essa intenção, ou seja, a de evocar a dimensão nosológica do paciente.

5.7 NÃO DIRETIVIDADE: QUE PAPEL TEM O EXTENSIONISTA NA MEDIAÇÃO?

No decurso da aplicação do projeto de extensão, algo que nos ficou explícito desde o primeiro dia de visitas à clínica médica, e ratificou-se em cada intervenção, foi perceber quão facilmente os pacientes elaboraram suas próprias questões, e de modo tão natural, na medida em que tomavam consciência não só de seus valores existenciais, como também de sua área de liberdade.

Após os encontros, nos quais discutia-se a teoria e elaborava-se o planejamento da prática da extensão, as expectativas iniciais eram de que os extensionista agiriam como facilitadores, fariam as perguntas e iriam aplicar os instrumentos; todavia, uma impressão era comum: alcançar respostas que espalhasse profundas dinâmicas noológicas seria mais difícil. Pensando num modelo socrático, esperava-se que esse "parto" fosse mais custoso, de modo que seria necessário mostrar aos pacientes seus campos de possibilidades, seu grau de liberdade.

Relativo a esse aspecto, alguns pacientes apresentaram certa resistência inicial, no momento da apresentação da equipe, pois estavam cansados de visitas técnicas que abordavam apenas a dimensão somática, entretanto, expressavam gratidão ao fim do processo, dado que haviam sido vistos em suas histórias, gostos, vivências, dificuldades e conquistas. Essa reação pode ser constatada por meio do exemplo a seguir.

Em um dia de intervenção, com havia poucos pacientes disponíveis para visita, pois muitos estavam descansando ou em companhia de familiares ou estudantes, os extensionistas ficaram a esperar que um jovem estudante de medicina acabasse o seu atendimento com um dos pacientes internados. Durante a apresentação da equipe, Ronaldo, o paciente em questão, hesitou em recebê-la, afirmando que tinha acabado de passar por um interrogatório, expressando seu cansaço, contudo, explicou-se que o procedimento seria diferente e o paciente ficou à vontade para interromper se quisesse. Efetuou-se, então, a Anamnese Afetiva, pela qual ele pôde falar de seu trabalho, de seu filho de três meses – que não havia ainda conhecido – e de sua espiritualidade. Antes de seguir para o Inventário Existencial, um dos extensionistas indagou se desejava continuar e ele disse contente que sim; finalizando a visita, agradeceu emocionado. Ronaldo percebeu que o interesse da equipe abarcou sua existência única e singular, tão esquecida pelos protocolos biomédicos.

Nesse cenário, a expectativa era maior em relação ao recurso da Régua dos Sentidos, uma vez que era esperada uma maior dificuldade para uma percepção de liberdade dos pacientes naquelas circunstâncias, marcados não somente pelos seus destinos somáticos, mas por um ambiente com as precariedades que mencionadas anteriormente – calor, barulho, tédio. Para surpresa da equipe, na primeira aplicação deste recurso, o paciente – com o maior tempo de internação ao qual se tivemos acesso – posicionou a Régua no máximo grau de liberdade. E, conforme exposto, os pacientes tiveram uma postura adequada quanto à percepção do grau de liberdade, enquanto 70% posicionaram-se dentro de ampla área de liberdade, o diálogo com aqueles que se viam numa área restrita de liberdade revelou que facilmente passavam a enxergar suas possibilidades mesmo em meio a restrição.

Averiguou-se, então, que não seriam os extensionistas a induzirem o reconhecimento de uma área de possibilidades, embora, de fato, o papel da equipe era direcionado a facilitar essa tomada de consciência, por meio dos recursos utilizados, por perguntas ou mesmo pela devolução de uma fala que provocasse o acesso ao inconsciente espiritual.

Torna-se relevante sublinhar o caso de Renata, paciente que estava cabisbaixa, sentada virada para parede, quando da chegada dos extensionistas, quase que imóvel para que nenhum movimento provocasse dor. A paciente tem Lúpus e estava internada há cinco dias devido a uma crise da doença. Ao ser perguntada, na Anamnese Afetiva, sobre o que essa doença a quer ensinar, respondeu: "nada de bom, essa doença só traz maldade", narrando que sua filha também sofre do Lúpus, de artrite reumatoide e chegou a ter um AVC, trazendo-lhe algumas deficiências. Renata também compartilhou que ela tinha passado seis meses em casa, em total repouso, e que havia recebido, desde sua internação, quatro bolsas de sangue, devido à anemia profunda.

Nesse ínterim, ao seguir-se para o inventário, algo inusitado sucede: Renata responde, por associação livre, que a sua situação atual pode ser uma oportunidade para aprendizado e ser mais sensível ao próximo. Assim, a paciente já elabora uma resposta diferente para praticamente a mesma pergunta feita anteriormente. Antes, ela não conseguia perceber uma lição a partir do sofrimento somático, entretanto, após algumas as perguntas do Inventário, que remetia à sua família, a paciente alcança essa dimensão noética.

Frente a essa reação, alude-se aos termos de Frankl (2022, p. 95) acerca do sentido da via, uma vez que "quando em primeiro lugar, a vida se revela como plena de sentido por si, então a consequência é que, mais tarde, também o sofrimento integre o sentido, tome parte no sentido da vida". Em seguimento, questionou-se o que Renata estava aprendendo e ela apontou sobre ser mais sensível aos outros, especialmente a sua filha que está doente. A paciente também relatou que estava à espera de um neto, de sua outra filha, e como isso era motivo de fortaleza para ela, pois queria estar bem para segurá-lo e ajudar a filha.

Em síntese, esse e outros casos ratificam que a partir da fala o indivíduo põe-se em contato com sua realidade noológica, realidade esta que não precisa ser interpretada por outros, e sim por quem a vivência. Nesse entendimento, Amatuzzi (2008) enfatiza que a fala é mais significativa quando se conecta à porção emergente de silêncio, defendendo que o silêncio está para a fala assim como a inspiração para a obra de arte, de modo que a fala seria um movimento existencial. Amatuzzi (2008), ao referenciar Merleau-Ponty (1971), afirma que "para o sujeito falante exprimir é tomar consciência" (Amatuzzi, 2008, p. 25, *apud* Ponty, 1971, p. 134).

6 HÁ SACRALIDADE NO ESPAÇO HOSPITALAR? UM ENSAIO BIBLIOGRÁFICO SOBRE O FENÔMENO RELIGIOSO NO CONTEXTO HOSPITALAR

Marcos Sueudy Santos do Nascimento
Maria do Amparo Mota Ferreira
José Alexandre Marcolino dos Santos Morais

Neste capítulo serão apresentadas discussões relacionadas à noção de espiritualidade/religiosidade e saúde, mobilizando conceitos referentes à religiosidade e à espiritualidade, salientando a compreensão da saúde humana de forma transcendente ao simples funcionamento físico e bioquímico do corpo, no âmbito hospitalar, e as necessidades dela derivadas, reconhecendo a importância que a esfera espiritual possui na existência humana e, ainda, pretende sinalizar caminhos para o atendimento em saúde de forma multidimensional e integral.

A sacralidade no espaço hospitalar pode ser interpretada de diferentes maneiras, dependendo das perspectivas culturais, religiosas e individuais. Para muitos, os hospitais são lugares nos quais ocorrem eventos significativos, como nascimentos, curas e despedidas, configurando-se como espaços que podem ser considerados sagrados. Todavia, hospitais são instituições médicas que oferecem tratamento, diagnóstico e cuidados de saúde, com isso, a sacralidade pode não ser uma consideração primordial nesse contexto.

Nesse sentido, enfrentar a hospitalização pode ser uma experiência desafiadora e emocionalmente desgastante para os pacientes e seus familiares. Essas situações de doenças possivelmente impactam a existência, já que o afastamento da vida familiar e do trabalho, ao qual se está habituado, por exemplo, poderá produzir impactos em suas relações, com consequências significativas em suas vidas (Kfouri, 2016).

No entanto, a dedicação e a compaixão dos profissionais de saúde podem ser interpretadas como uma conduta especial e quase sagrado, uma vez que a sacralidade também se encontra atrelada à compaixão e ao cuidado demostrado pelos profissionais de saúde em relação aos pacientes, ocorrendo, pois, a consideração da empatia e da preocupação com o bem-estar alheio como algo sagrado. Nesse sentido, os hospitais possuem um grande significado histórico e desempenharam papéis importantes em várias culturas, posto que alguns hospitais antigos eram associados a templos ou locais de cura (Oliveira; Neto; Donadone, 2022).

Nessa senda, verificou-se, durante a pesquisa, que apesar de ser comum na atenção em saúde, a ideia de que a natureza humana é complexa e multidimensional, referindo-se à interação das dimensões, física, emocional e espiritual, ainda não se perceptível, nos serviços de atenção em saúde, a inclusão multidimensional, menos ainda, a dimensão espiritual/religiosa. Não obstante, observa-se que a arquitetura, os rituais e as tradições hospitalares também podem contribuir para a sensação de sacralidade, aspecto justificado pelo fato de que muitos hospitais se encontram interligados a instituições religiosas, por exemplo.

Em vista disso, a sacralidade no espaço hospitalar é subjetiva e multifacetada. Para alguns indivíduos, esses locais são sagrados devido à espiritualidade e à compaixão, enquanto para outros, são principalmente instituições médicas, desse modo, o significado varia de acordo com as crenças e experiências individuais. Assim, a partir da busca de referenciais teóricos, verificou-se que muitos estudos vêm demonstrando a importância da dimensão espiritual e da religiosidade na vida das pessoas, contribuindo, especialmente, no enfrentamento de situações relativas a doenças e a hospitalização. Por conseguinte, a religião e a espiritualidade constituem-se como ferramentas úteis no auxílio às pessoas hospitalizadas, que buscam na fé e no otimismo, como também na esperança e na motivação, envolver-se com o tratamento, além da importância para a recuperação.

Isto posto, o objetivo deste capítulo é relacionar o conceito de espaço sagrado, de Eliade (1992), as noções de espiritualidade e de saúde e a consequente relação entre o espaço hospitalar e o sagrado, bem como a percepção do fenômeno religioso no contexto hospitalar. Para tal, o capítulo está divido em quatro momentos: o primeiro discorre sobre o espaço sagrado, em Eliade (1992), e o conceito de *Homo Religiosus*; o segundo momento aborda a espiritualidade e a saúde no espaço hospitalar; já o terceiro momento abarca a relação do espaço hospitalar sacralizado, a espiritualidade e a saúde; e, por fim, o quarto tópico trata da religião e espiritualidade, no contexto hospitalar.

6.1 O ESPAÇO SAGRADO EM MIRCEA ELIADE E O CONCEITO DE *HOMO RELIOGIOSUS*

Mircea Eliade, de nacionalidade romena, nasceu em 9 de março de 1907. Foi estudante de Filosofia, dedicando-se a trabalhos literários como romancista e como professor na Universidade de Letras, em Bucareste. O filósofo destacou-se em vários campos do saber, escreveu árduos tratados sobre as religiões e a imaginação simbólica.

Eliade (1992) figura como um dos grandes pesquisadores do estudo comparado das religiões, no qual, com imenso trabalho, recompilou documentos e, sobretudo, forneceu chaves para compreender as raízes profundas das diversas crenças religiosas, situando as bases e assinalando a metodologia para compreender o significado profundo dos símbolos, ritos e mitos que cada religião elabora.

Para Eliade (1992), a experiência religiosa modifica a percepção do espaço e do tempo. A sacralização do lugar em que se instauram os templos e se realizam as cerimônias o transformam em um espaço sagrado, do mesmo modo que a repetição periódica dos ritos converte o tempo linear em tempo cíclico, transformando o tempo profano em um tempo sagrado. Nessa conformidade, o sagrado "funda o mundo" (Eliade, 1992), orienta o mundo. O ponto iluminado pelo sagrado é um "eixo referencial" e é este eixo que faz a vida ter sentido.

O autor postula o conceito de *homo religiosus* (homem antigo), no qual o *homo religiosus* necessita psicologicamente estar próximo ao Sagrado, de maneira que essa relação de proximidade propõe ao homem religioso a confiança, a força, a noção de realidade e o sentido. Para Eliade (1992), tudo na vida do homem antigo estava sacralizado, a exemplo da casa, das ferramentas, do trabalho, tudo era sagrado; tudo possuía um valor agregado. Logo, Eliade (1992, p. 17) vê-se que o Espaço Sagrado é real e o "não sagrado é amorfo" (sem estrutura), posto que que para o homem antigo o mundo celeste dá um ideal para orientação, ou seja, a existência humana tem sentido se houver uma ponte com o mundo celeste.

O ser humano em sua necessidade que é iminente, sugere uma descoberta consigo mesmo, através do divino, na qual ele entra em conexão com o seu *Axis mundi* "que liga e sustenta o Céu e a Terra, e cuja base se encontra cravada no mundo de baixo" (Eliade, 1992, p. 24). O *Axi mundi,* é essa grande coluna que centraliza a religiosidade/espiritualidade do indivíduo para que ele se perceba dentre o sistema religioso, a qual pode ser um auxiliar para a saúde do indivíduo e que soma a prática religiosa às atividades relacionadas à saúde.

Sendo assim, depreende-se que o sagrado é a função de dar sentido. O homem antigo possui uma nostalgia do divino, procura reencontrá-lo orientando o seu mundo, ou seja, o sagrado funda o mundo. Para Eliade (1992) o *homo religiosus* (homem antigo) almeja uma vida que tem essência e tenha realidade, já o homem contemporâneo/profano quer viver uma ilusão, sem centro de vida, de aparência, uma vida de máscaras. A vida profana é uma vida desorientada, na qual os valores viram uma questão de opinião pessoal e não de referência.

6.2 ESPIRITUALIDADE E A SAÚDE NO ESPAÇO HOSPITALAR

O conceito de saúde atualmente abarca também a totalidade da condição humana, isto é, um completo estado de bem-estar físico, mental e social e não apenas a ausência de doença. Já o tema da espiritualidade ainda desperta dúvidas e incredibilidade em espaços científicos e para profissionais, talvez, por aproximar-se de questões consideradas "a-científicas". Sobre essa discussão Stroppa e Moreira-Almeida (2010) fazem a seguinte colocação:

> Apesar da importância da religião e da espiritualidade para a população, até recentemente esses temas não eram incluídos no currículo de profissionais de saúde e nem tinham lugar na prática clínica. Por, em média, serem menos religiosos e por não receberem treinamento adequado para lidar com questões religiosas na prática clínica, um "abismo religioso" frequentemente separa profissionais de saúde de seus pacientes, contribuindo para uma atitude negativa em relação à religiosidade (Stroppa; Moreira-Almeida, 2010, p. 49, grifos dos autores).

Em outro sentido, compreende-se que tanto a religiosidade quanto a espiritualidade são assuntos discutidos desde o senso comum, passando pela teologia, antropologia, filosofia, psicologia, medicina e outras áreas do saber. No campo das ciências da saúde há diversas definições sobre espiritualidade e saúde que possibilitam compreender os pontos de convergência entre ambos.

Dito isso, a espiritualidade refere-se a uma busca pessoal sobre questões existenciais como o sentido de vida e/ou as relações com a transcendência ou sagrado, sem estar, necessariamente, vinculada a uma orientação religiosa. Em outras palavras, a espiritualidade pode ser concebida como o interesse humano com relação ao significado e valores fundamentais da vida (Harding, 2000). Segundo essa perspectiva, tem-se que:

> Espiritual não implica nenhuma crença em um ser supremo, ou em uma vida depois desta. Espiritual, então, não significa religioso, e os que se denominam ateus também têm preocupações espirituais como qualquer outra pessoa (Pessini, 2010, p. 104).

A espiritualidade é também concebida como uma conexão transcendental entre o homem consigo, com o outro, com a natureza ou com alguma causa que lhe dê sentido (Frankl, 2006). Nessa interação genuinamente humana, que pode ser definida como espiritualidade, estão presentes sentimentos e valores que ultrapassam a percepção cognitiva e material, transcendendo os limites da percepção cognitiva e do aqui-agora.

No contexto brasileiro, a relação entre a espiritualidade e a saúde começa a ter visibilidade a partir de 2009, especialmente nas Ciências da Saúde. Conforme Hefti e Esperandio (2016) define-se esse período por se referir sobre a integração da espiritualidade nas práticas de cuidado em saúde. O mesmo autor sugere, ainda, que a intervenção na dimensão espiritual é uma atitude de cuidar, visto que alude ao planejamento de ações pelos profissionais da saúde, voltadas à promoção de bem-estar e de sentido da vida.

Hefti e Esperandio (2016) relatam que a dimensão espiritual é jovem no Brasil e a noção de cuidado espiritual tem sido fortalecida somente há duas décadas. Os autores explicam que os primeiros termos utilizados foram:

> "conforto espiritual", "cuidado das necessidades espirituais", "dimensão espiritual do cuidado", "assistência espiritual", "espiritualidade na prática do cuidar", "aspectos espirituais do cuidado"/ "espiritualidade no cuidado", "cuidado na dimensão espiritual" (Hefti, 2016, p. 15, grifos dos autores).

Hefti e Esperandio (2016) apontam outros conceitos de espiritualidade a partir de sua pesquisa, sendo uma delas a de Caldeira (2009) que compreende que o cuidado espiritual não se resume simplesmente a um conjunto de intervenções, mas a uma atitude de cuidar. Reporta-se ao planejamento de ações, pelos profissionais da saúde, voltadas à promoção de bem-estar e de sentido da vida.

À continuidade, o vocábulo "espiritualidade tem sua origem na palavra latina *spiritus*, que significa 'sopro/respiração' ou 'vida', ou ainda no termo de mesma língua *spiritualis* designando uma pessoa 'do espírito, 'cheia de espírito ou inspirado/animado' (Hill *et al.*, 2000 *apud* por Aquino; Caldas; Pontes, 2016, p. 19). A espiritualidade pode ser definida como a essência da pessoa ou como uma busca pessoal pela compreensão das questões últimas acerca da vida, do seu significado e da relação com o sagrado e o transcendente, produzindo autêntica experiência interior, liberdade de expressão individual ou mesmo uma experiência religiosa individual, mas não é necessariamente relacionada a rituais religiosos ou formação de comunidades.

Conforme Souza, Carvalho e Scorsolini-Comin (2020) afirmam que em contextos de saúde é importante abarcar o ser humano a partir de sua integralidade, nos aspectos de sua individualidade, relações sociais e com o meio. Consequentemente, a visão global do paciente permite o enriquecimento da relação entre profissionais e pacientes, propiciando cuidados preventivos, diagnósticos e terapêuticos. Esclarecem que a atenção à espiritualidade, no contexto de adoecimento, pode estender-se a uma busca de significado acerca do propósito da vida e da conexão com o sagrado pessoal de cada indivíduo.

De acordo com Aquino, Caldas e Pontes (2016), não há uma obrigatoriedade de associação da espiritualidade com a existência ou crença em Deus. Segundo Solomon, citado por Aquino, Caldas e Pontes (2016), a espiritualidade é um amor dedicado à vida e é vivido, exclusivamente, pelo homem. Frente a isso, depreende-se que a espiritualidade e a saúde podem influenciar os pacientes por meio de emoções positivas, como esperança, perdão, autoestima e amor, pois, como assegura Bermejo (2021), corroborando com Toniol (2017), a existência subjetiva da espiritualidade atribui significado e cultivo ao sagrado e, como consequência, alcança os níveis de saúde do ser. Bermejo (2021), inclusive, assevera que espiritualidade responde à dinâmica relacional do ser humano, onde desempenhamos boa parte da nossa saúde.

Nesse contexto, várias investigações têm mostrado implicações relevantes no que diz respeito à consideração da dimensão espiritual diante da doença, nas quais a espiritualidade se constitui como uma forma de enfrentamento dos pacientes, e não como uma forma de negação ou evitação. Outrossim, a importância do bem-estar espiritual na redução do estresse e dos sintomas foi comprovada Bermejo (2021).

Nos registros das diversas culturas e sociedades, conforme Aquino, Caldas e Pontes (2016), as práticas religiosas/espirituais estiveram relacionadas a questões como saúde/doença e vida/morte. Os autores retomam Terrin (1998) para esclarecer que:

> desde os primórdios da medicina é possível provar que qualquer prática terapêutica antiga tinha seu ponto de apoio e buscava sua força no mundo religioso, desta forma, pode-se sugerir que a medicina seria uma especialização da religião (Terrin, 1998 *apud* Aquino; Caldas; Pontes, 2016, p. 21).

Dessarte, admite-se que o vínculo entre religião/espiritualidade e saúde é essencial, inegável e antiga. A religiosidade/espiritualidade possui uma enorme força terapêutica, posto que gera no homem confiança, uma atitude de pensar positivamente, confiar no Sagrado, contemplar o mundo com um sentido de otimismo e esperança. Em sentido amplo, a espiritualidade exerce uma influência positiva sobre os estados de espírito, sobre a psique e sobre os humores de uma pessoa (Aquino; Caldas; Pontes, 2016). Logo, a relação entre espiritualidade e saúde tem-se consolidada como um tópico cada vez mais frequente, já que considera o fato de a espiritualidade e a saúde produzirem efeitos diretos no cotidiano de hospitais e ambulatórios.

6.3 A RELAÇÃO DO ESPAÇO HOSPITALAR SACRALIZADO E A ESPIRITUALIDADE E A SAÚDE

Essa temática tem ocupado lugar de destaque no cenário mundial nos últimos anos, por meio de questões como adesão a tratamentos médicos/psicológicos e enfrentamento de doenças. Estudos veem comprovando que a espiritualidade e a religiosidade de um indivíduo podem influenciar em seu processo saúde-doença-cuidado, na medida em que estão relacionadas à redução da mortalidade, bem como a melhora da qualidade de vida e da saúde mental. Ademais, estudos demonstram que grande parte dos pacientes tem interesse em discutir espiritualidade no contexto do atendimento em saúde (Neto *et al.*, 2021).

Dessa maneira, os fatores que permeiam o conhecimento da espiritualidade influenciam as percepções sobre a noção de saúde dos pacientes e dos profissionais da saúde, porque esses fatores de espiritualidade configuram-se como um indicador positivo para a saúde, a exemplo da fé, que resulta em esperança e, dessa maneira, pode colaborar com o desenvolvimento do tratamento médico, sendo, pois, a espiritualidade pode ser um dos indicadores da noção de saúde.

Ao observar o pensamento de Eliade (1992) entende-se que o comum é o profano. O sagrado é onde o Sagrado se manifesta, ou seja, o ambiente sagrado torna-se Sagrado quando o divino nele se manifesta. Em tempo, o filósofo defende que o espaço é sagrado através da Hierofania, é a transformação do lugar em um lugar sagrado. Ainda, para Eliade (1992), o local sagrado é um lugar elevado, sacralizado, um ponto de referência; uma comunicação com o sagrado. Quando esse lugar tem acesso ao mágico, numinoso, ele se torna sagrado e o homem espiritual entra no *modus operandi* do Sagrado.

Todavia, o caminho da sacralidade hospitalar é um tabu, cheio de preconceitos, visto que o ambiente hospitalar é envolvido por crenças, fé e culturas. A esse respeito, Saporetti (2009) explana que:

> Estudos com pacientes internados demonstram que 77% gostariam que seus valores espirituais fossem considerados pelos seus médicos e 48% gostariam, inclusive, que seus médicos rezassem com eles. Contraditoriamente, a maioria dos pacientes disse que jamais seus médicos abordaram o tema (Saporetti, 2009, p. 269).

A partir disso, a espiritualidade é compreendida também como uma relação com o sagrado e como se vivencia esse sagrado, ou seja, o paciente que está hospitalizado entra em um lugar considerado profano, porém, ao adentrá-lo, ele (o espaço) torna-se sagrado a partir de como aquele ambiente profano vivencia a manifestação do divino. Logo, o sujeito religioso quando acessa o sagrado é redimido do seu caos existencial.

Nesse ínterim, ressalta-se a importância de uma abordagem espiritual como fator integrante na avaliação da saúde humana e tal avaliação pode ser considerada como um instrumento útil para implementar (ou não) condutas clínicas ao paciente. Por conseguinte, o espaço hospitalar necessita de ser um lugar que aduz ao sagrado e, infelizmente, nem sempre é encontrado esse ambiente para a manifestação do transcendente. Por isso, o hospital (espaço) pode ser sacralizado, ambientado a partir da conexão com o sagrado para a presença do Sagrado.

Dessa maneira, valida-se a existência de espaços destinados aos pacientes e sua rede de apoio dedicarem-se à dimensão espiritual, seja compartilhando vivencias, reflexões e/ou momentos de aprofundamento da fé e da oração. Pois, ao considerar a multiplicidade de crenças religiosas, é interessante que esses locais estejam desvinculados de imagens ou referências religiosas específicas, com o intuito de abarcar as diferentes orientações religiosas, garantindo a pluralidade, conforme orienta a História das Ciências das Religiões e a própria Ciências das Religiões.

Consoante ao psicólogo Fernando Luis González Rey (1949-2019), acadêmico e educador cubano, criador da terminologia "cenário espiritual", que se refere a um *setting* terapêutico da Psicologia Hospitalar, é possível que, muitas vezes, a assistência psicológica possa ser desenvolvida em diferentes espaços físicos, demandando ao profissional que trabalha no espaço hospitalar o vínculo, o acolhimento humanizado, a escuta qualificada e condutas que possibilitem a diminuição do sofrimento do paciente internado (González Rey, 2004).

Segundo González Rey (2004), o cenário espiritual refere-se, então, ao contexto psicossocial desenvolvido a partir do vínculo humanizado entre o profissional da saúde e o paciente e a sua rede de apoio, pautado pelo acolhimento, escuta qualificada, respeito e diálogo sobre os temas afins à religiosidade ou valores espirituais, tais como: fé, esperança, confiança, generosidade, gratidão, tolerância, sentido de vida, o processo do adoecer e o enfrentamento da morte.

Desse modo, o espaço hospitalar sacralizado, como chamado neste capítulo, é como um templo construído, imitando o cosmos e o hospital; é como uma bateria que faz com que o homem religioso encontre ali também o seu sagrado e, consequentemente, reabasteça a sua identidade, cozendo uma receita para o espaço sagrado, ou seja, para um encontro com o espaço sagrado.

6.4 RELIGIÃO E ESPIRITUALIDADE NO CONTEXTO HOSPITALAR

Acerca da sacralidade no ambiente hospitalar, o profissional da saúde necessita atentar a esse fator, dado que o Brasil é um país de pluralidade religiosa, ou seja, existem pessoas que praticam as mais diversas religiosidades, não só aquelas que compõem o arcabouço judaico-cristão. Com isso, ao refletir sobre os sistemas religiosos, o profissional pode sugerir soluções em conjunto a espiritualidade/

religiosidade do paciente. Nesse sentido, ressalta-se o conceito de espiritualidade considerado neste estudo, qual seja:

> O aspecto da humanidade que se refere à maneira como os indivíduos buscam e expressam significado e propósito, e a maneira como eles experimentam sua conexão com o momento, consigo mesmo, com os outros, com a natureza e com o significativo ou sagrado. Nesse sentido, o relato da OMS para conceituar espiritualidade é que esta é uma parte da natureza da pessoa enquanto a religião é a expressão de escolhas individual (Puchalski, 2010, p. 3).

Já, em relação à religiosidade, para Dal-Farra e Geremia (2010, p.2), a religiosidade é entendida como "uma prática institucionalizada de um sistema de crenças, rituais e símbolos compartilhada por uma comunidade".

Segundo o Censo de 2010, o Instituto Brasileiro de Geografia e Estatística (IBGE) apresenta que quanto menor é o grau de instrução maior é a porcentagem de adeptos religiosos, desse modo, presume-se a importância da religiosidade para aqueles que são desamparados pela sociedade, uma vez que a solução da falta do estado é suprida pelas igrejas e templos. Esse dado não é algo a ser descartado na pesquisa, necessitando ser analisado como um fenômeno social, o qual corrobora com a ideia de que as atividades religiosas possam auxiliar na saúde (IBGE, 2010).

Nesse segmento, Aquino (2021) defende que a espiritualidade busca dar um sentido à vida do ser humano, o qual pode ser suprido pela religiosidade, família ou trabalho, a existência de um advento, no caso espiritual, pode proporcionar um sentido para um destino sofrido. À vista disso, "a logoterapia é compreendida como uma psicoterapia centrada no sentido da vida e, por conseguinte, adentra no espiritual do ser humano. Foi constituída para uma problemática atual denominada de vazio existencial" (Aquino, 2021, p. 1043).

Com isso, o cientista das religiões, no contexto hospitalar, à luz da logoterapia, em sua prática diária, aproxima-se de duas dimensões que essa abordagem conceitua como transcendência e autodistanciamento. A autotranscedência constitui-se como a capacidade humana de transcender os condicionamentos psicofísicos; o ser humano coloca-se em relação, aberto para o mundo, para vivenciar algo ou alguém que está além de si próprio e, assim, realizar sentidos em sua vida (Silveira; Mahfoud, 2008). Consequentemente, a logoterapia acredita que a capacidade do homem em sobreviver a situações extremas está ligada à capacidade de transcender ao próprio eu e aponta para algo diverso de si, ao que que Frankl (2011) denominou de autodistanciamento e autotranscendência (Rocha; Gomes, 2012).

Ainda sobre a observação do fenômeno religioso, no espaço hospitalar, manifesta-se como uma epifania, uma revelação de algo inesperado, uma percepção intuitiva ou a manifestação de um Deus, ou de uma divindade, por conseguinte, proporciona um momento de autodistanciamento: o paciente esquece momentaneamente a dor que o aflige. Dessarte, o *homo patiens* e *religiosus* encontram um sentido no seu sofrimento por meio do sagrado. Em algumas situações, no contexto religioso, o diagnóstico é interpretado como culpa, como é o caso de Arnaldo, que participava de uma denominação evangélica. O paciente tinha uma conexão muito forte com a sua vertente religiosa, já havia sido internado muitas vezes, inclusive em um hospital oncológico da cidade de João Pessoa-PB, e culpava a si mesmo por estar nessa situação, contudo, confiava nos médicos e em Jesus, e esperava um milagre, conforme expressou: "os médicos ajudam, mas a cura vem de Deus".

Outra paciente, Íris, que não tinha um sistema religioso, mas era conectada com a sua família o que a fazia se conectar a algo sagrado, tinha um distanciamento adequado do seu sofrimento e uma esperança de que iria vencer aquele momento. Já o paciente Ronaldo, que tinha sido internado e não viu o seu filho nascer, pedia muito para ser curado para poder vê-lo, já que o bebê não podia entrar no ambiente hospitalar. Os dois casos demonstram a importância da espiritualidade e a confiança em algo maior, concebido como sagrado, para superar o momento. Em tempo, a solidariedade e a sensação de amizade constituída nos leitos compartilhados foi algo que se destacou, pois compartilhar o sofrimento e superar a solidão ajudavam os pacientes a dizerem sim à vida. Um exemplo dessa interação é da paciente Íris que entregou uma carta à paciente Flora como forma de incentivar a melhora e agradecer a companhia.

Constata-se que a espiritualidade não está apenas em um sistema religioso, mas no próprio indivíduo, como algo íntimo e essencial do ser humano. No ambiente hospitalar é comum perceber o choro como uma forma de liberação, abertura, liberdade de dores, sejam elas físicas ou existenciais. O ambiente hospitalar é também um lugar de alegria, conversas e de lembranças, o qual, em alguns casos permite que feridas ocasionadas pela vida venham à tona, ou uma autodescoberta seja desvelada.

Dessa maneira, para além do diagnóstico, há uma indivíduo com pensamentos, atitudes e posturas distintas, percebendo que o sentido para aquele momento não está em algo distante, e sim próximo: falar com um sobrinho, o aperreio do marido, a volta para a "casinha", o encontro com os cachorros "perdido, achado e marley", resgatados das profundezas da memória, imagens que deixam feixe de felicidade emergir, pois, apesar da escuridão da vida, é possível ter um vislumbre de esperança.

Nesse panorama, constatou-se que muitos pacientes internados descobriram que o passado podia ser tratado em um olhar diferente, deixando de ser percebido como um peso ou algo desagradável que verbera no presente. Exemplo dessa conscientização é a paciente Angélica, professora aposentada, que, mesmo sendo de uma cidade distante, recebia visitas de ex-alunos que a recordavam e demonstravam carinho pela pessoa que ela representava em suas vidas. A paciente dizia ser inquieta e, ainda assim, com seu comportamento impaciente, quando as visitas a chegavam mudava de postura. Um outro exemplo é o de Dorival, diagnosticado com psoríase, relatou que a sua maior conquista foi a sua esposa: "foi difícil, mas tá aí". De acordo com o paciente, os dois lembravam do momento do namoro com muita alegria e risadas, sendo, pois, o sagrado manifesto por meio do amor entre eles e, no hospital, tiveram a liberdade de se encontrar e vivenciar um ao outro, demonstrando a dimensão do *homo amans*.

6.5 RECOMENDAÇÕES

O conhecimento técnico e científico dessacralizou a saúde e, consequentemente, o ambiente hospitalar; a técnica substituiu o curandeiro e os elementos simbólicos foram preteridos por uma busca de uma maior compreensão natural dos processos biológicos do adoecimento. (Aquino; Caldas; Pontes, 2016).

Nesse cenário, o profissional de saúde sensível às demandas abordadas neste capítulo, e devidamente capacitado para abordar temas espirituais, pode ser mais útil no tratamento integral dos pacientes. Dessa forma, o contexto hospitalar sacralizado pode oferecer ao paciente interno e à sua rede de apoio, seja por meio do espaço sagrado, seja em qualquer espaço hospitalar que respeite a manifestação do sagrado, oferecerá ao paciente um lugar pluralizado, sem imagens ou credos específicos, ou por intermédio do profissional de saúde, no atendimento ao paciente.

Embora Eliade (1992) não tenha contemplado em seus escritos a relação do espaço sagrado com o espaço hospitalar, visto que não existe nenhum artigo ou outra publicação que faça tal relação, o esforço colocado neste capítulo é de corroborar com o filósofo no entendimento de que qualquer espaço, mesmo sendo profano, a partir da manifestação do sagrado, pode tornar-se sagrado, ao que Eliade (1991) denominou de Hierofania, que é exatamente o processo da transformação de um lugar profano em um lugar sagrado.

Segundo Baptista (2007), os hospitais não são sagrados em seu objetivo, em sua missão, apesar de que historicamente tenha-se relatos que logo após o descobrimento do Brasil as primeiras vilas criadas no litoral brasileiro, como por exemplo em Salvador, Santos e no Rio de Janeiro, fundaram-se as Santas Casas. Instituições instaladas com o objetivo de garantir que a mão-de-obra disponível estivesse saudável, de forma a permitir a continuidade dos negócios implementados pela realeza em sua colônia.

Desse modo, alinhando os caminhos desta reflexão, conclui-se que a espiritualidade pode ser uma força vetorial de fonte de sentido que, por sua vez, pode conduzir ao bem-estar. Essa busca seria permeada pelo anseio do sagrado, isto é, por um desejo ancestral de um contato com o transcendente, ou numinoso (Eliade, 1992). Nesse sentido, a espiritualidade das indivíduos parece influenciar a sua forma de construir narrativas acerca do processo saúde-doença, inclusive, com estratégias de enfrentamento das situações difíceis.

Por conseguinte, o que se percebe, conforme Lebreton (2013), é que a medicina clássica manteve o seu interesse na doença e não no doente, ao contrário, do que fazem as culturas orientais. Logo, o que isso implica? Entende-se, consoante a Eliade (1992), que o ser humano possui uma abertura para uma realidade superior, é o *homo religiosus*, entretanto, muitas pessoas não têm essa fissura, ainda que seja um elemento básico ao ser humano, está soterrado, porém, não está eliminado de sua existência.

Outrossim, a sacralidade no espaço hospitalar é subjetiva e multifacetada. Para alguns, esses locais são sagrados devido à espiritualidade e à compaixão, enquanto para outros, são principalmente instituições médicas, de modo que o significado varia de acordo com as crenças e as experiências individuais. Com isso, a Ciência das Religiões, especificamente a espiritualidade e saúde no cuidado com o paciente, é de suma importância, dado que são muitos os indivíduos que se consideram religiosos e que, portanto, utilizam a religião para lidar melhor com suas enfermidades, sobretudo, com aquelas consideradas incuráveis.

7 CONSIDERAÇÕES FINAIS

Thiago Antônio Avellar de Aquino
Gabriel Menino Gaudêncio

O objetivo geral do Projeto Práticas de Espiritualidade e Saúde Centrada no Sentido de Vida, e por conseguinte deste livro, foi o de despertar as forças espirituais dos pacientes por meio de intervenções orientadas à percepção e à realização de valores e sentidos na vida. Infere-se, por meio dos relatos de casos, que, após as intervenções, realizadas pelos extensionistas, os pacientes puderam: 1) expressar a dimensão existencial/espiritual; 2) tomar consciência da área da liberdade e das possibilidades do seu vir-a-ser; e, 3) perceber os sentidos e os valores existenciais apesar do adoecimento físico (somático).

Ademais, trabalhar a partir da ótica dos aspectos positivos da existência, permitiu aos pacientes tanto reconfigurar a experiência do adoecimento e hospitalização, como clarificar o sentido para os mais distintos eventos vivenciados pelos usuários em suas particularidades. Isto posto, demanda-se, à continuidade, responder a cada um dos objetivos específicos elencados no início do livro:

1. IDENTIFICAR AS NECESSIDADES ESPIRITUAIS DOS PACIENTES

Por meio da prática da espiritualidade, no contexto hospitalar, verificou-se a necessidade fundamental advinda dos pacientes por um sentido para vida. Para alguns, o sentido estava em poder voltar a trabalhar para poder dar uma assistência a sua família; para outros, a percepção do ser amado que passou a se dedicar e cuidar do seu ente querido, que convalescia em sua condição de *homo patiens*. Também se verificou a existência de pessoas que estavam dispostas a viver em função de alguém, como um filho, e que isso configurava o motivo para aderir ao tratamento e recuperar a sua saúde, demonstrando a capacidade humana de dizer sim apesar de tudo. Entretanto, quando mais nada restava, alguns depositavam a sua esperança e sua fé em um suprassentido, em um Deus pessoal, recorrendo a sua cosmovisão religiosa.

Ressalta-se, ainda, que a maioria dos pacientes se mostrou engajada e cooperativa com as propostas de intervenção, evidenciando a pertinência e a relevância das temáticas abordadas para pessoas em situação de internação hospitalar. A partir disso, sublinha-se a vontade de sentido intrínseca ao ser humano, manifesta em qualquer contexto.

2. AMPLIAR A PERCEPÇÃO DOS SENTIDOS QUE CONSTITUEM A EXISTÊNCIA DOS PACIENTES

Indubitavelmente, os recursos utilizados na aplicação do projeto serviram como um meio para descoberta de valores e sentidos na condição de hospitalização. Dessa forma, pôde-se trazer à consciência os valores depositados no *ser passado*, no *ter sido* da existência, os quais configuram o valor e a dignidade do ser humano. Aqui, concretizou-se a proposta de Frankl (1986) acerca da reumanização, qual seja: perceber o ser humano doente para além de sua patologia.

Por tratar-se de um contexto de hospital-escola, os pacientes recebiam visitas médicas e assistência de saúde multiprofissional, as quais abordavam, de forma geral, apenas a dimensão somática. Entretanto, a dimensão espiritual-noológica não era cuidada em sua perspectiva mais ampla. Desse modo, destaca-se o emprego da Anamnese Afetiva, que enfatiza os aspectos existenciais do paciente, de modo a reconhecer nele sua unicidade. Assim, pode-se conceber que conscientizar sobre os aspectos existenciais-espirituais constitui uma via régia para resgatar o valor e a dignidade do paciente, no contexto em questão.

3. CLARIFICAR OS ASPECTOS POSITIVOS DA EXISTÊNCIA APESAR DAS CONDIÇÕES DE ADOECIMENTO E DE HOSPITALIZAÇÃO

A cura médica de almas requer a ampliação do campo perceptivo do paciente, ou seja, o paciente deve olhar e perceber a totalidade da situação e não apenas uma parte da vida ou da existência. Com a aplicação do projeto de extensão, verificou-se a capacidade humana de reconhecer fatos e eventos positivos depositados no celeiro da existência, bem como reconhecer o valor e o sentido do movimento espiritual do esperançar. Por exemplo, daqui a dez anos esse momento da existência será percebido como algo positivo, como uma realização humana na perspectiva de sua capacidade de superação.

Nesse entendimento, o momento presente (tratamento/internação), apesar das condições desfavoráveis, poderá despertar aspectos positivos, tais como o reconhecimento do ser amado, de alguém significativo, ou uma oportunidade para dar uma palavra de conforto a um outro paciente com o qual se compartilha a mesma enfermaria. Nessa perspectiva, evidenciou-se a relevância da aplicação do Inventário Existencial como facilitador da reflexão e mobilização espiritual, a fim de tornar consciente os valores e sentidos na vida dos pacientes. Outros recursos utilizados pelos pacientes foram o humor e a religiosidade, os quais demonstraram o caminho adequado para o autodistanciamento, para se posicionar perante um destino sofrido.

Frente ao exposto, constata-se que a prática de espiritualidade e saúde centrada no sentido da vida, no contexto hospitalar, pode ser compreendida tão somente como uma forma de aplicação da cura médica de almas, consoante ao proposto por Viktor Frankl, podendo ser recomendada para o processo de reumanização no âmbito da saúde. Para tanto, deve-se englobar a totalidade do ser humano em suas diversas facetas do *homo patiens,* a saber: somática, psíquica e espiritual.

REFERÊNCIAS

AMATUZZI, M. M. **Por uma psicologia humana**. 2. ed. Campinas: Alínea, 2008.

AQUINO, T. A. A. Apontamentos acerca da cura médica de almas na perspectiva de Viktor Frankl. **Interações**, Belo Horizonte, v. 18, n. 1, p. 1-16, 2023. Disponível em: https://periodicos.pucminas.br/index.php/interacoes/article/view/28452. Acesso em: 28 mai. 2024.

AQUINO, T. A. A. Religião, espiritualidade e saúde: um olhar da logoterapia. **Horizonte – Dossiê; Espiritualidade e Saúde**. v. 19, n. 60, p. 1041-1056. Disponível em: <religiaoespiritualidadeesaudeumolhardalogot.pdfISSN 2175-5841>. Acesso em: 08 jun. 2024.

AQUINO, T. A. A. **Régua do Sentido**. João Pessoa-PB: Ideia, 2018.

AQUINO; T. A. A; CALDAS, M. T.; PONTES, A, M. (Org). **Espiritualidade e saúde**: teoria e pesquisa. Curitiba: CRV, 2016.

AQUINO, T. A. A.; SIMEÃO, S.; RODRIGUES, L. **Baralho dos valores e sentido na vida.** Novo Hamburgo-RS: Sinopsys, 2018.

AQUINO, T. A. A.; SIMEÃO, S.; RODRIGUES, L. **Minha vida em um livro.** Belo Horizonte-MG: Artesã, 2021.

AQUINO, T. A. A.; SIMEÃO, S.; RODRIGUES, L. **Qual o Sentido?** Procurando respostas e descobrindo propósitos na vida. João Pessoa-PB: Ideia, 2017.

BACKES, D. S.; LUNARDI, V. L.; LUNARDI, W. D. F. A humanização hospitalar como expressão da ética. **Revista Latino-americana de Enfermagem**, v.14, n. 1, pp.132-5, 2006. Disponível em; https://doi.org/10.1590/S0104-11692006000100018. Acesso em: 29 mai. 2024.

BAPTISTA, T. W. de F. História das políticas de saúde no Brasil: a trajetória do direito à saúde. In: MATTA, G. C.; PONTES, A. L. de M.

(Org.) **Políticas de Saúde**: organização e operacionalização do Sistema Único de Saúde. Rio de Janeiro: EPSJV, 2007. p. 29.

BERMEJO, J. C. Espiritualidad y salud. **Horizonte**, v. 19, n. 60, p. 1202-1241, 2021. Disponível em: https://periodicos.pucminas.br/index.php/horizonte/article/view/28608. Acesso em: 10 jun. 2024.

CALDEIRA, S. Cuidado Espiritual – Rezar como intervenção de enfermagem. **CuidArte Enfermagem**. FIPA, Catanduva, v. 3, n. 2, p. 157-164, 2009. Disponível em: https://repositorio.ucp.pt/bitstream/10400.14/14975/1/rezar_2009.pdf. Acesso em: 10 mai. 2024.

CAMARGO, B.; JUSTO, A. IRAMUTEQ: um software gratuito para análise de dados textuais. **Temas em Psicologia**, Ribeirão Preto, v. 21, n. 2, p. 513-518, 2013. DOI: https://doi.org/10.9788/TP2013.2-16. Acesso em: 06 ago. 2024.

CARVALHO, J. M. de. O inconsciente espiritual de Viktor Frankl. **Revista Humanidades & Educação**, p. 78–90, 12 Jul 2021. Disponível em: https://periodicoseletronicos.ufma.br/index.php/humanidadeseeducacao/article/view/15324. Acesso em: 25 jul. 2024.

DAL-FARRA, R. A.; GEREMIA, C. **Educação e saúde e espiritualidade**: proposições metodológicas. Ensaio. Rev. Bras. Educ. Med., v. 34, n. 4, dez, 2010. Disponível em: <https://doi.org/10.1590/S0100-55022010000400015>. Acesso em: 05 ago. 2024.

EBSERH. **Manual de Normas e Rotinas da Clínica Médica**: Hospital Universitário Lauro Wanderley. João Pessoa: Ebserh, 2018. *E-book*.

ELIADE, M. **O sagrado e o profano**. São Paulo: Martins Fontes, 1992.

FRANKL, V. **A falta de sentido**: um desafio para a psicoterapia e a filosofia. 1. ed. Campinas: Auster, 2021.

FRANKL, V. **A presença ignorada de Deus**. Petrópolis: Vozes, 2023.

FRANKL, V. **A questão do sentido em psicoterapia**. São Paulo: Papirus, 1990.

FRANKL, V. **A vontade de sentido**: fundamentos e aplicações da logoterapia. 1. ed. São Paulo: Paulus, 2011.

FRANKL, V. **Em Busca de Sentido**. Petrópolis: Vozes, 2020.

FRANKL, V. **Fundamentos antropológicos da psicoterapia**. Rio de Janeiro: Zahar, 1978.

FRANKL, V. **Fundamentos Antropológicos**. São Paulo: É Realizações, 2019.

FRANKL, V. **La idea psicológica del hombre**. Madri: Rialp, 1986.

FRANKL, V. **La voluntad de sentido**. Barcelona: Herder, 1988

FRANKL, V. **Logoterapia e análise existencial**: textos de cinco décadas. Campinas, SP: Editorial Psy, 1995.

FRANKL, V. **Logoterapia e Análise Existencial**: textos de seis décadas. 1. ed. Rio de Janeiro: Forense Universitária, 2021.

FRANKL, V. **O sofrimento humano**: Fundamentos Antropológicos da Psicoterapia. 1. ed. São Paulo: É Realizações, 2019.

FRANKL, V. **Psicoterapia e sentido de vida**: fundamentos da logoterapia e análise existencial. 6. ed. São Paulo: Quadrante, 2016.

FRANKL, V. **Psicoterapia para todos**. Petrópolis: Vozes, 1991.

FRANKL, V. **Sobre o sentido da vida**. Petrópolis: Vozes, 2022.

FRANKL, V. **The doctor and the soul**. 2. ed. United States: Random Hause, 1986.

FRANKL, V. **Um sentido para a vida: Psicoterapia e humanismo**. 14. ed. Aparecida: Idéias & Letras, 2006.

FRANKL, V. **Um sentido para a vida**: Psicoterapia e humanismo. São Paulo: Ideias & Letras, 2019.

GERBER, G. Considerações gerais sobre a anemia. *In*: **Manual MSD**. New Jersey, Abr 2024. Disponível em: https://www.msdmanuals.com/pt-br/casa/dist%C3%BArbios-do-sangue/anemia/considera%C3%A7%C3%B5es-gerais-sobre-a-anemia. Acesso em: 26 ago. 2024.

GONZÁLEZ REY, F. L. **Personalidade, saúde e modo de vida**. Pioneira Thomson Learning. 2004.

GÜN, A.; DUFNER, M. **A saúde como tarefa espiritual**. Petrópolis: Vozes, 2008.

HARDING, J. **Questões Espirituais no fim da vida: um convite à discussão**. Mundo Saúde. 2000;24(4):321-4.

HEFTI, R.; ESPERANDIO, M. R. G. O modelo interdisciplinar de cuidado espiritual – uma abordagem holística de cuidado ao paciente. **Horizonte** - Revista de Estudos de Teologia e Ciências da Religião, v.

14, n. 41, p. 13-47, 31 mar. 2016. Disponível em: file:///C:/Users/user/Downloads/admin,+Gerente+da+revista,+Mary+portugu%C3%AAs.pdf. Acesso em: 10 jun. 2024.

IBGE. Instituto Brasileiro de Geografia e Estatística. Disponível em <IBGE | Cidades@ | Brasil | Pesquisa | Censo 2010 | Amostra - Religião>. Acesso em: 07 jun. 2024.

JAMES, K. A.; STROMIN, J. I.; STEENKAMP, N.; COMBRINCK, M. I. Understanding the relationships between physiological and psychosocial stress, cortisol and cognition. **Frontiers**: in endocrinology, [s. l.], v. 14, 2023. DOI https://doi.org/10.3389%2Ffendo.2023.1085950. Disponível em: https://www.frontiersin.org/journals/endocrinology/articles/10.3389/fendo.2023.1085950/full. Acesso em: 16 jul. 2024.

KAMI, M. T. *et al.* Trabalho no consultório na rua: uso do software IRAMUTEQ no apoio à pesquisa qualitativa. **Escola Anna Nery**, Curitiba, v. 20, n. 3, 2016. Disponível em: https://www.scielo.br/j/ean/a/DhLnCPmsfvdTLs68XPP64qQ/?format=pdf&lang=pt. Acesso em: 12 ago. 2024.

LEBRETON, D. **Antropologia do corpo e modernidade**. 3. ed. Trad. F. dos S. C. Lopes. Petrópolis, RJ: Vozes, 2013. (Obra original publicada em 1990).

LUKAS, E. A vida comparada a um mosaico. In: **HISTÓRIAS que curam**..: Porque dão sentido à vida. Campinas: Verus, 2005.

LUKAS, E. **Assistência logoterapêutica**: transição para uma psicologia humanizada. São Leopoldo: Sinodal; Petrópolis: Vozes, 1992.

LUKAS, E. **Logoterapia "a força desafiadora do espírito"**: Métodos da logoterapia. Santos: Leopoldianum; São Paulo: Loyola, 1989.

LUKAS, E. **Mentalização e saúde**: a arte de viver e logoterapia. Petrópolis: Vozes, 1990.

LUKAS, E. **Vom sinn des augenblicks**. Munique: Kösel-Verlag GmbH, 2002.

MERLEAU-PONTY, M. **Fenomenologia da Percepção**. 2. ed. São Paulo: Livraria Freitas Bastos, 2008.

NERUDA, P. **Crepusculário**. Porto Alegre: L&PM, 2004.

NETO, J. E. *et all*; A espiritualidade/religiosidade como desafio ao cuidado integral: aspectos regulatórios na formação médica brasileira. **Physis**: Revista de Saúde Coletiva, Rio de Janeiro, v. 3, n.4, e310409, 2021.

Disponível em: <https://www.scielo.br/j/physis/a/6dTmDPXz8DDVd-NQwHnMZ9kb/?lang=pt> Acesso em: 25 jun. 2024.

O MAL e o sofrimento. Intérprete: Ariano Suassuna. [*S. l.*: *s. n.*], 2016. Disponível em: https://www.youtube.com/watch?v=AjatNeSyk6Y&t=8s. Acesso em: 16 jul. 2024.

OLIVEIRA, A. L. M.; NETO, M. S.; DONADONE, J. C. O papel da Santa Casa no sistema público de saúde brasileiro: o levantamento histórico de uma instituição filantrópica. **Saúde Soc**. São Paulo, v.31, n.1, e200150, 2022. Disponível em: <https://www.scielo.br/j/sausoc/a/YK5By6PL-B5YcpG8N8qHB5Gn/?format=pdf> Acesso em: 25 jun. 2024.

PESSINI, L. **Espiritualidade e arte de cuidar** - o sentido da fé para a saúde. São Paulo: Paulinas/Centro Universitário São Camilo, 2010.

ROCHA, E. F.; GOMES, E. S. Autodistanciamento em Viktor E. Frankl a partir da compreensão de logos de Xavier Zubiri. **Revista Logos & Existência** – Revista da associação brasileira de logoterapia e análise existencial, v. 1, n.1, pp. 15-25. 2012. Disponível em: https://periodicos.ufpb.br/ojs2/index.php/le/article/view/12671. Acesso em: 10 jun. 2024.

SANTOS, D. M. B. dos. Logoterapia: compreendendo a teoria através de mapa de conceitos. **Arq. bras. psicol.**, Rio de Janeiro, v. 68, n. 2, p. 128-142, ago., 2016. Disponível em http://pepsic.bvsalud.org/scielo.php?s-cript=sci_arttext&pid=S1809-52672016000200011&lng=pt&nrm=iso. Acesso em 12 jul. 2024.

SAPORETTI, L. A. Espiritualidade em cuidados paliativos. In: SANTOS, F. **Cuidados paliativos** - discutindo a vida, a morte e o morrer. São Paulo: Editora Atheneu, p. 269-282, 2009.

SILVEIRA, D. R.; MAHFOUD, M. Contribuições de Viktor Emil Frankl ao conceito de resiliência. **Estudos de Psicologia**, Campinas, v. 25, n.4, pp. 567-576. 2008. Disponível em: <http://www.scielo.br/scielo.php?s-cript=sci_arttext&pid=S0103-166X2008000400011&lng=en&tlng=pt.> Acesso em: 28 mar. 2024.

SOCIEDADE BRASILEIRA DE REUMATOLOGIA. **Artrite Psoriásica**. São Paulo: Sociedade Brasileira de Reumatologia, 2012. *E-book*.

SOCIEDADE BRASILEIRA DE REUMATOLOGIA. **Lúpus Eritematoso Sistêmico**: Cartilha para pacientes. São Paulo: Sociedade Brasileira de Reumatologia, 2011. *E-book*.

SOUZA, D. C.; CARVALHO, P. P.; SCORSOLINI-COMIN, Fabio. A religiosidade/espiritualidade no contexto hospitalar: reflexões e dilemas a partir da prática profissional. **Mudanças** – Psicologia da Saúde, v. 28, n.1, jan.-jun., 2020. Disponível em: https://pepsic.bvsalud.org/scielo.php?script=sci_abstract&pid=S0104-32692020000100008. Acesso em: 10 jun. 2024.

STROPPA, A.; MOREIRA-ALMEIDA, A. Evidências do impacto da espiritualidade sobre a saúde. Em: INCONTRI, Dora (Org.). **Educação e Espiritualidade**: interfaces e perspectivas. Bragança Paulista/SP: Editora Comenius. 2010.

TOLSTÓI, L. **Felicidade conjugal**. 2. ed. São Paulo: Editora 34, 2010.

TONIOL, R. Atas do espírito: a Organização Mundial da Saúde e suas formas de instituir a espiritualidade. **Anuário Antropológico**, Brasília, UnB, 2017, v. 42, n. 2, p.267-299. Disponível em https://journals.openedition.org/aa/2330 Acesso em: 10 jun. 2024.

VENTURA, M. O Estudo de Caso como Modalidade de Pesquisa. **SOCERJ**, Rio de Janeiro, v. 20, n. 5, p. 383-386, 2007. Disponível em: http://sociedades.cardiol.br/socerj/revista/2007_05/a2007_v20_n05_art10.pdf. Acesso em: 12 ago. 2024.

XAUSA, I. **A Psicologia do Sentido da Vida**. Petrópolis: Vozes, 1986.

XAUSA, I. **A psicoterapia do sentido da vida**. 2. ed. Rio de Janeiro: Forense Universitária, 1988.

SOBRE OS AUTORES

Bárbara Dias Tenório

Psicóloga formada pela Universidade Federal da Paraíba (UFPB), atua no âmbito clínico orientada por meio da abordagem da Logoterapia e Análise Existencial. Integrante, como colaboradora externa, da extensão Práticas de Espiritualidade e Saúde Centrada no Sentido de Vida no Contexto Hospitalar.
E-mail: psibarbaradtenorio@gmail.com

Daniela Matias Bonfim

Graduanda do curso de Psicologia da Universidade Federal da Paraíba (UFPB). Participou como voluntária do projeto de extensão Práticas de Espiritualidade e Saúde Centrada no Sentido da Vida no Contexto Hospitalar. Atualmente, atua como estagiária do Núcleo de Acolhimento e Escuta Psicológica (NAEPSI) da UFPB e é diretora acadêmica da Liga Acadêmica de Fenomenologia Existencial e Humanismo (LAFEH). É vinculada ao CNPq através do Grupo de Pesquisa de Estética Fenomenológica e Hermenêutica.
E-mail: danielamb50@hotmail.com

Gabriel Menino Gaudêncio

Graduando do curso de Psicologia da Universidade Federal da Paraíba e extensionista bolsista do projeto de extensão Práticas de Espiritualidade e Saúde Centrada no Sentido da Vida no Contexto Hospitalar.
E-mail: gmgaud@outlook.com

José Alexandre Marcolino dos Santos Morais

Assistente administrativo, desenhista da construção civil e cursando superior em ciências das religiões. Membro do projeto de extensão

Práticas de Espiritualidade e Saúde Centrada no Sentido da Vida no Contexto Hospitalar.
E-mail: josemarcolino216@gmail.com

Karen Guedes Oliveira

Professora Adjunta do Departamento de Fundamentação da Educação (DFE) do Centro de Educação (CE), da Universidade Federal da Paraíba (UFPB). Doutora em Psicologia Social (UFPB). Mestre em Ciências das Religiões (UFPB). Especialista em Psicopedagogia Clínico-Institucional (ESAB) e em Avaliação Psicológica (Ipog). Graduada em Psicologia- Habilitação em Formação de Psicólogo e Licenciatura Plena (UEPB). Atua em estudos na área da Psicologia da Educação, com ênfase em Logoterapia e Análise Existencial, Psicologia e a Pessoa com Deficiência e Desenvolvimento Humano. Pesquisadora do Laboratório de Pesquisa em Logoterapia e Análise Existencial (LAPLAE/UFPB). Coordenadora da Brinquedoteca do Centro de Educação - CE/UFPB (Gestão 2024-2026). Coordenadora adjunta do projeto de extensão Práticas de Espiritualidade e Saúde Centrada no Sentido da Vida no Contexto Hospitalar.
E-mail: karen_costaguedes@hotmail.com

Marcos Sueudy Santos do Nascimento

Mestrando em Ciências das Religiões na Universidade Federal da Paraíba (UFPB); Bacharel e Licenciado em Psicologia (UFPB); Especialista em Aconselhamento Pastoral – Fundação Educacional da Região dos Lagos (FERLAGOS); Especialista em Análise do Comportamento Aplicada – Faculdade Venda Nova do Imigrante (FAVENI); e Especialista em Psicologia Escolar e da Aprendizagem – Centro Integrado de Tecnologia e Pesquisa Ltda (CINTEP).
E-mail: marcossun_jampa@hotmail.com

Maria do Amparo Mota Ferreira

Assistente Social no Hospital Universitário Lauro Wanderley da Universidade Federal da Paraíba, desde 1992. Mestre em Gerontologia - UFPB (2017). Doutoranda em Serviço Social-ISCTE – Instituto Universitário de. Lisboa-Portugal (2019 - em curso). Especialista em

Gerontologia pela UFPB (2003). Participou da implantação do Serviço Social do Centro de Prevenção do Câncer Ginecológico em Roraima (1989-1990). Integrou o Setor de Estudos e Pesquisas em Saúde e Serviço Social-SEPSASS do Programa de Pós-Graduação em Serviço Social da UFPB (2001-2002). Implantou, em 2003, o Projeto de Extensão Cuidar: Atenção Multidisciplinar aos Cuidadores Informais de Idosos Dependentes Atendidos na Unidade Clínica do Hospital Universitário Lauro Wanderley/UFPB, do qual foi idealizadora e coordenadora. O projeto recebeu em 2003 o Prêmio Elo-Cidadão, conferido pela Pró-Reitora de Extensão e Assuntos Comunitários-PRAC/UFPB. É Supervisora de estágio curricular do Curso de Serviço Social da Universidade Federal da Paraíba (UFPB), desde 1993. Participou da Equipe Matricial da Construção do Projeto do Programa da Residência Multiprofissional em Saúde do HULW/UFPB(2008). Integrante da Equipe de Estruturação da Rede de Atenção Materno Infantil, desde 2012. Coordenou Cenários de Práticas da Residência Integrada Multiprofissional em Saúde Hospitalar desde 2010 a 2013. Preceptora da Residência de Saúde Mental - RESMEN- NESC/CCS/UFPB. Fez preceptoria presencial do Programa de Educação Tutorial (PET) Rede Cegonha, de 2013 a 2015. É pioneira na implantação do serviço de capelania hospitalar ofertado em alguns hospitais da rede pública da Paraíba. Idealizadora e diretora geral da Associação de Capelania Hospitalar Evangélica da Paraíba - ACHE-PB. É coordenadora de cursos teórico prático em capelania hospitalar desde 2001.
E-mail: amparoisoares@gmailcom

Maria Eduarda Franco Chaves

Graduanda do curso de Psicologia do Centro Universitário de João Pessoa (Unipê). Pós-graduanda em Psicologia Clínica na perspectiva Fenomenológica-Existencial pelo IFEN - RJ. Participou como colaboradora externa do projeto de extensão Práticas de Espiritualidade e Saúde Centrada no Sentido da Vida no Contexto Hospitalar. Atualmente é presidente da Liga Acadêmica de Fenomenologia Existencial e Humanismo (LAFEH) e atua como colaboradora externa do Núcleo de Acolhimento e Escuta Psicológica da UFPB. É vinculada

ao CNPq através do Grupo de Pesquisa de Estética Fenomenológica e Hermenêutica.
E-mail: eduardafrancochaves@gmail.com

Marta Helena Freitas

Doutora em Psicologia pela Universidade de Brasília (2002), com Pós-Doutoramentos em: Psicologia da Religião, pelo Department of Religious Studies, School of European Culture and Languages, University of Kent at Canterbury, UK (2011-2012); Psicologia Intercultural, pelo Programa Doutoral em Psicologia da Faculdade de Psicologia e Ciências da Educação da Universidade do Porto, Portugal (2014-2015); e Antropologia da Religião, pelo Alister Hardy Religious Experience Centre, University of Wales Trinity University Saint David, Lampeter, UK (2019-2021). Graduada em Psicologia e Licenciatura em Psicologia (1985) e mestre em Psicologia Social e da Personalidade (1991), ambos pela Universidade de Brasília. Professora adjunto da Universidade Católica de Brasília - UCB, desde 1989, atuando hoje no programa de mestrado e doutorado em Psicologia. Tem experiência na área de Psicologia Clínica e atua como docente e pesquisadora, com produções técnicas e bibliográficas sobre os seguintes temas: psicologia da religião, tanatologia, gerontologia, Psicodiagnóstico de Rorschach, fenomenologia e formação em psicologia. Lecture da Cateedra UNESCO de Juventude, Educacao e Sociedade UCB. Coordenadora o Laboratório Religião, saúde mental e cultura - UCB. Integrante do CRIARCOMC (Criatividade, Inovação, Comunicação, Marketing e Cidades). Bolsista de Produtividade em pesquisa CNPQ 2. Honorary Research Fellow na University of Wales Trinity Saint David. Membro da American Psychology Association - APA. Presidente da Associação Internacional de Psicologia da Religião (International Association for the Psychology of Religion) - IAPR.

Sarah Xavier Vasconcelos de Fialho Rodrigues

Doutora em Psicologia Clínica pela Universidade Católica de Pernambuco - UNICAP. Mestre em Cuidados Paliativos pelo Instituto de Medicina Integral Prof. Fernando Figueira – IMIP (2016). Residência/Especialização em Cuidados Paliativos pelo Instituto de Me-

dicina Integral Professor Fernando Figueira - IMIP, Recife-PE (2016). Graduada em Psicologia – Formação de Psicólogo, pela Universidade Federal da Paraíba-UFPB (2013). Psicóloga hospitalar do Hospital Universitário Lauro Wanderley/UFPB/EBSERH/João Pessoa-PB. Professora do Curso de Psicologia da Faculdade Três Marias, em João Pessoa-PB. Professora de Pós-Graduação em Logoterapia e Análise Existencial. Experiência acadêmica e ênfase de pesquisa na área de Logoterapia e Análise Existencial, Espiritualidade e Saúde, Cuidados Paliativos, Morte e Luto.
E-mail: sarah_xpv20@hotmail.com

Thiago Antonio Avellar de Aquino

Graduado em Psicologia pela Universidade Federal da Paraíba (1995). Mestre e doutor em Psicologia Social (UFPB). Professor Associado (UFPB) e líder do grupo de pesquisa Laboratório de Pesquisa em Logoterapia e Análise Existencial (LAPLAE). Coordenador do Projeto de Extensão Práticas de Espiritualidade e Saúde Centrada no Sentido da Vida no Contexto Hospitalar.
E-mail: thiagoaquino19.ta@gmail.com

Anotações

Construindo ideias
e conectando mentes

Este livro foi composto com tipografia Bembo
e impresso em papel Offset 90g. em julho de 2024.

Impressão e Acabamento | Gráfica Viena
Todo papel desta obra possui certificação FSC® **do fabricante.**
Produzido conforme melhores práticas de gestão ambiental (ISO 14001)
www.graficaviena.com.br